ドイツ、シュヴァルツヴァルト北部、バート・タイナッハの小教会に残る
バロック様式の翼付き祭壇画ヴュルテンベルク王女アントニアの教示画。

ドイツ・タイナッハの「三位一体教会」を訪問し、説明を受けているところ。

SCHRIFTEN DEUTSCHER PIETISMUS IN AUSWAL

Friedrich Christoph Oetingers, Heilige Philosophie

ドイツ敬虔主義著作集 8

エーティンガー 聖なる哲学

キリスト教思想の精選集

喜多村得也［訳］

YOBEL,Inc.

ドイツ敬虔主義著作集（全10巻）の刊行に際して

17世紀の後半のドイツに起こった敬虔主義は信仰覚醒運動であって、その発端は、ルター派教会が次第に形骸化し内的な生命力を喪失し、信仰が衰えたとき、原始キリスト教の愛と単純と力をもって道徳的な「完全」をめざすことによって起こった。この運動はルターの信仰を絶えず導きとして正統な教会の教えにとどまりながら、その教えの中心を「再生」に置いて、新しい創造・新しい被造物・新しい人間・内的な隠れた心情・神の子としての道徳的な完成などをめざして展開した。

この運動はシュペーナーの「敬虔主義の集会」から具体的に発足し、彼の著作『敬虔なる願望』（1675）によって教会改革案の基本方針が定められ、実践的なフランケによって継承され、ハレの孤児学院の創設となり、さらにツィンツェンドルフ伯爵によるモラヴィア兄弟団（別名ヘルンフート）の信仰覚醒運動としてヨーロッパ各地やアメリカ合衆国にまで広がった。

これとは別に南ドイツのヴュルテンブルクの聖書学者ベンゲルやエーティンガーによって思想的に深められ、ドイツ思想界に大きな影響を与えた。また詩と思索にすぐれたテルステーゲンの思想をも紹介してみたい。
日本では啓蒙主義の思想家ばかりが偏重され、それらと対決する敬虔主義の思想が全く無視されてきた。そこで敬虔主義の思想家の中から主な作品を翻訳し、最終巻にはその思想特質の研究によって、現代的意義を解明すべく試みたい。

2023年 早春

編集者　金子晴勇

そうではあるが、わたしが願い求めているのは
真理を味わうことのほか何ものでもない。
それは、満ち足り、
この時代のノアの箱舟の中にも
安らうことができるのだから。

フリードリヒ・クリストフ・エーティンガー

はじめに

フリードリヒ・クリストフ・エーティンガー〔Friedrich Christoph Oetinger, 1702-1782〕はその学生時代においても、比較的晩年になっても、徹底して同時代の哲学と関わりあった。〔テュービンゲン大学の〕神学生の時には**ビルフィンガー**[1]を通して、教会教父**アウグスティヌス**と哲学者**デカルト**〔ラテン語名カルテシウス〕の思想行程をより高い統一のうちに結び付けようとした**ニコラス・マルブランシュ**[2]の哲学的著作を知った。こうして一種の神秘主義的な色彩をもつデカルト主義が生まれたのである。マルブランシュの著作を勤勉に勉強したエーティンガーは、しかしまもなく、彼を超えて成長することになった。その著『スエーデンボルクおよびその他の人々の天地の哲学』〔1765〕でもう一度マルブランシュを語ることになる。「マルブランシュがその哲学を神と共に、イエス・キリストと共に開始してそして終了するのは結構なことである。しかしだからといってマルブランシュをきわめて高く評価し、イエスのみ名を辱めるような冷たい心の哲学者たちよりも、彼が優っているのかどうか、と言うなら、彼の考え方や表現の仕方はイエスの心に沿うものではなく、この世の哲学者や権力者の流儀に沿っていると、こうやはり告白せざるをえない。「哲学者たちは、およそ完全無欠な実体《ヴェーゼン》の把握〔概念〕を〔前提し〕そこから出発して、諸命題を編み、織り上げ、そして終結させるのであるが、それらはすべて失敗するとわたしは思う。神については、わたしたちは聖書以外からは何の概念も得ることはないのだから。」同時にエーティンガーはなぜマルブランシュと袂《たもと》を分かつかを明晰にして判明に語った。「彼のうちには、多くの言葉が語られている。しかし聖書の全体へと導いてゆくような概念は少ない。イザヤが語っていることが依然として真理である。」[3]（イザヤ書55・8―9）

ゴットフリート・ヴィルヘルム・ライプニッツの単子論《モナドロジー》[4]の基礎についてのビルフィンガーの講義は

（1）（訳注）Georg Bernhard Bilfinger（1693-1750）１７１９年よりテュービンゲン大学の準教授でライプニッツ・ヴォルフ哲学を講ずる。後に数学、道徳の正教授。

（2）（訳注）Malebranche, Nicolas（1638-1715）パリで哲学、神学を学ぶ。１６６４年に司祭に叙任される。彼の思想はとりわけアウグスティヌスとデカルトの影響を受けている。

（3）（訳注）（イザヤ書55・8―9）「わたしの思いは、あなたたちの思いとは異なりわたしの道は、あなたたちの道と異なると主は言われる。天が地を高く超えているようにわたしの道は、あなたたちの道をわたしの思いはあなたたちの思いを、高く超えている。」（新共同訳）

（4）単子《モナーデ》とは、ライプニッツの学説では、単一の延長しない実体である。それは形而上学的点であって、その活

エーティンガーに対してこの偉大な哲学者の思考行程との数年間の対決を余儀なくさせた。まず初めに彼は新しく得た哲学的認識を彼の聖書理解と調和させようと試みた。感動的な仕方であるが、彼はモナド学説を不可視の事物から可視的事物が生じたというヘブル書の11章の箇所へ関係づけた。質料は最初の単純実体〔単位〕を受け入れた際の形式化された現象にすぎないこと、この単純実体によって彼の触れる無数のあらゆる対象が併存してくることを彼は納得していた。わけても、モナドは窓を持たないし、モナドからは何も出てゆくことはなく、何もその中に入ることもできないという学説は、彼の印象に残るものであった。

「魂は身体に作用することはできず、身体は魂に作用できないとわたしが考えたように、それだから、神は身体と魂を二基《き》の時計のように、運動と思考において一致調和させたと仮定せざるをえないと思った。しかしながら、神はその後彼がわたしの内部にその言葉によって呼び起こした多くの苦しみによって、長期間わたしに苦痛を与えたので、わたしはわたしの思想形成のこの〔ライプニッツ的〕基礎を認めはしたが、別様に形作らせるままにもしたのである。」

このライプニッツ哲学の束縛からの解放は、注目すべきことにライプニッツの理念を完全な体系になるように工夫していたクリスチャン・ヴォルフ〔1679-1754〕の通俗哲学に従事することによってエーティンガーに達成された。ヴォルフは信じれば受け入れられてきたこれまでの自然宗教の諸真理を、数学的に表示するような試みをした。彼は認識の可能性を問うかわりに、事物の可能性のみを探求した。

その〔可能性は〕ある部分は矛盾の原理に従い、ある部分は充足理由の原理に従って示された。この両原理から〔結果する〕諸命題の上に、ヴォルフはすべて可能な世界のうちで最善の世界であるとしたライプニッツの現存世界の説を構築した。この自己を確実とする学説が、実定的《ポジティブ》啓示〔の宗教〕を理性宗教に従属させるのに大いに寄与したのである。**インマヌエル・カント**はかつてヴォルフを正当にも理性主義的ドグマティズムの代表者、「理性の力をゆるぎなく信頼する代表者」と呼んだことがある。

エーティンガーは、ヴォルフ哲学を徹底的に検討し、そこからキリスト教信仰を脅かす危険をすぐに認識した。彼は『自伝』(5)で言う。

「わたしは、もしわたしが霊の聖化《ハイリグンク》を受けておらず、聖書によるそれ〔聖化〕を真に確信していないで、ヴォルフの諸原則を心に抱いているならば、その時には、わたし自身ばかりではなく、他者を

動力は表象することである。モナドの相違は、それらの表象の相違である。神は原モナドである。その他のモナドはすべてその放射である。私たちにとって身体として現象するのは、多数のモナドの集積である。魂もひとつのモナドである。鉱物や植物は無意識の表象をともなう眠るモナドである。(「シュヴァーベン、教父たちの証し」第一巻、123頁をみよ。)

(5)(原注)エーティンガー『シュヴァーベン教父たちの証し』第1巻40頁。

も邪道におちいらせるであろう。」

彼はその友ロイス[6]と共に神学の共同研究をしていたが、神学の研究は「数学的認識の確実性の尺度にしたがったのでは不徹底である」ということをすぐに見抜くことになった。彼は「すべての哲学的思考に対して平衡する重り《ゲーゲンゲビヒト》」を聖書のなかに求めなければならない」と気づいた。彼の努力は、どのようにして哲学者たちが究極の諸概念を見出しているのか、ということにとりわけ向けられた。彼の『自伝』にはこのことについてやがて大物の神学者を認識させるような文章がある。

「だから日夜続けられたわたしの労苦は、それら究極の諸概念を発見することであった。それらが発見されれば、その諸概念はヴォルフ的な諸概念を証明するなり、それとも衝突するなりするであろう。そういった〔究極の諸概念を見出す〕ことは、わたしにとって困難な仕事であった。しかしわたしには、それが必須であることが分かっていた。そうしないならば、現在生きているこの世代にありながら、わたしは神のご意思に完全な仕方で（mit Plerophorie=〔確信をもって〕）仕えることはできないであろう。」

エーティンガーはその時以来「世を支配する哲学」〔コロサイ2・8〕[7]に対する彼の戦いを続けて、世の哲学に代わって、**フィロソフィア・サクラ**（philosophia sacra）、つまり「聖なる哲学」を据えることができるまでは、もはや休息することはなかった。

彼が牧師職に安定して任用される前に企図したさまざまな場所への旅行は、彼の新しい認識を大きく広げるのに用いられた。[8] ハレ大学では、聖書に視点を当てて「聖なる哲学と応用の哲学（philosophiam sacram et applicatam）」の講義を行う意図を持つ。この独自の試みはその時には失敗に終わった。それから彼はヘルンフートでひょっとしてこの聖なる哲学を定着させられるかと思い、かの地へ旅することを決意する。しかしそこでもまた彼の新しい教えは何の反響も見出さなかった。彼はあらゆる失敗にもめげないで、「根底的な知（Grundweisheit）は今ではもはや隠されたままではいない。それは明らかにされてゆかねばならない」というみずからの確信を維持した。彼にとっては根底的な知こそが聖書の教えの全体に適合する鍵《かぎ》であって、救いの手を霊に差し出す鍵なのである。テュービンゲン大学の**ヨハン・ゴットフリート・ファーベル**〔1717-1779〕との神学的対決を契機として、エーティンガーの告白

（６）（訳注）Albrecht Reichard Reuß（1712-1780）後にヘルンフート、ハレ、シュトゥッツガルト宮廷の侍医となる。

（７）（訳注）（コロサイ２・８）「人間の言い伝えにすぎない哲学、つまり、むなしいだまし事によって人のとりこにされないように気をつけなさい。それは、世を支配する霊に従っており、キリストに従うものではありません。」（新共同訳）

（８）（訳注）エーティンガーは１７２５年23歳で修士号を取得した後、１７３８年3月35歳でヒルザウの牧師職に就任するまで、１７２９年から１７３７年まで3回の大旅行をして各地のキリスト者など重要な宗教人に会っている。

するところは、次の通りである。

「しかし、わたしは答えた。わたしは福音にある生命の言葉に一歩また一歩と従ってゆく身であって、聖書の錠前の中へ入るのにピタリと合う鍵でなければ、そのような哲学でなければ、それがどんなに〔化学でいういわば〕精留《せいりゅう》を繰り返した〔至純の〕理念から生まれていようとも、受け入れません。その原因を言うなら、哲学者たちは自然の内奥を知ってはいないからです。したがって彼らは彼らの言う諸概念を自然の外側から取ってくるのです。すると彼らはある場合には、やりすぎるし、ある場合にはやらなさすぎるのです。哲学的な意味での純粋な知性の連続性《コンティヌイテート》〔が哲学に必要な事〕をわたしはとても熟知しています。そういう連続性〔の重要性〕をわたしも昨日や今日知ったのではありません。けれども、存在するものをあたかも存在しないかのように扱うこと、また存在しないものをあたかも存在するかのように扱うことも、まったく同様に想像力《ファンタジー》の濫用であることをわたしは知っています。〔アレクサンドリアの〕**クレメンス**〔訳註 150頃―215頃ギリシア世界でのキリスト教神学の教師で、オリゲネスの師〕の『再認知《リコグニチオーネン》』[9]によれば、**カイアファ**〔Kaiaphas、イエスの時代のユダヤ教の大祭司でイエスを尋問した。マタイ26・57〕は、抽象に偏ったサドカイ派だったので、イエスが天国での食物や飲み物を約束したということを、罪に帰したというのです。哲学が超感覚性によって〈組織されている〉からといって、イエスの言葉から発している形象的なもの、あるいは感覚的なもの（感覚で認められるもの）を掃き清めてしまえ、というのでしょうか。違います。形象を用いるとはいえ、神の言葉は確実で、真実なのです。聖なる啓示の全体は、感覚に訴えるものなのです。」

エーティンガーは、その長い生涯を通じて自分の学説の承認を得るために努力し闘った。

「そうしているうち、わたしの聖書哲学についての学説が小枝のように芽を出し、成長してゆく姿が遠くから見えてきた。」

と告白できたのは、彼が70歳をとうに過ぎていたからである。

彼は聖なる哲学の学説をまとまった形で一度も叙述したことはなかった。個々の精神の稲妻のごとくその著作や説教のうちに閃いている断片的な文章や証しに彼は甘んじていたのである。

彼の「**聖なる哲学**（philosophia sacra）」の前提であり、また基礎であるのは、教えの神的な啓示である

（9）（原注）初期キリスト教時代の偽書である。この著作は紀元300年ごろ成立した。題名はクレメンスとその血族との再会場面に関わっている。

聖書である。聖書は教えの顕現（Lehroffenbarung）として、自然界および精神界におけるすべての認識の媒介者である。聖なる哲学とは、聖書の根底的な知にほかならない。すなわち、「根底的な知、言い換えれば、聖書の哲学がなければ、人はただ一つの聖句でも、完全に霊（精神）にしたがって解明することはできない。〔またそうしないで〕理性を用いての総合思考《ネックスウ》（nexu Zusammenhang）に基づいてやるにしても、〔解明出来ないのであって、〕いわんや霊による力の証明〔Ⅰコリント2・4〕に至るなどは論外である。」

根底知ということを、彼はしかし、「それによって人が知る」何か《エトヴァス》として、「それによって人が自己自身を理解する『何か』として限定〔定義〕する。根底知は、自己自身を、もろもろの業に隠されている神の御力を、聖書を、もしくは総じて地上的・天上的本性を客体的対象（Objekt）としている。根底知は、イエスとその使徒たちが持っていたにちがいないような究極目的の諸概念から発して生じてくる。エーティンガーは、それらの諸概念を聖書の内に探求し、光と闇、生命と栄光、イエス・キリストの王国、魂と霊、火と水、血と塩、等々をそれとして挙げる。このような諸概念の助けを得ながら、彼は聖書の個々のすべての言葉の基底となる神的諸真理の体系を確認し、そしてそれを叙述しようとする。このようにして得たすべての究極目的の諸概念のすべてを一つの「生」という基底的な概念に総合する。これについて彼は言う。

「わたしは生という基底的な概念から、神学を導きだした。すべてが個によって、また個がすべてによって証明されるほど体系的にこの点を詳論した神学者はいない。」また別の箇所では、「わたしの神学全体は、聖書のうちの、格別にすばらしいものから、すなわち神の生、かつ、その栄光から取り出されたものです。」

ただ一作品『生の理念からの神学』のなかで、彼は自己の神学的思想世界を組織的に展開することの試みを遂行した。聖なる哲学のみが表面にとらわれるだけのこの世に従う哲学を克服できる立場にある。聖なる哲学は、神から発するのであるから、それはすべての事物を根底から認識できるのである。彼の著作〔カバラーの〕「教示画」(10)（口絵参照）の中で彼は言う、

「真理には二種ある。ひとつは、事物《ザッヘ》の真理であり、他は概念《ベグリフ》の真理である。事物の真理とは、あるもの《エトヴァス》が現存し、あるものがそこにあるとは、神の生命と運動に由来していることを言う、言い換えれば、現実的な存在を自らの内にもつものは、神の生命と運動から発してそれをもつ、と

(10)（訳注）本書掲載の「ヴュルッテンベルク王女アントニアの教示画の公開記念碑」（1763）のこと。

いうことである。存在が最初ではない、そうではなく、生命と運動が〈最初である〉〔使徒17・28参照〕[11]。諸概念の真実とは、わたしが事物を、そのあるがままを認識するならば、すなわち神の生命と運動のなかに、また、そこ〔神の生命と運動〕から発していることを認識するならば、その〔概念の真実〕は根源（Wurzel）の外で発してはいないし、また異邦人の偶像崇拝がそこから生まれてきた何か自分の（思いあがった）神性の力から発してもいない。さらに彼は諄々と次のように説いてゆく。「形而上学が不十分な諸理念のいわば包装《おくるみ》を開くことで、その内実を示しているような真理は、〔聖書の〕啓示された諸真理と矛盾するとわたしは見ているが、その場合、それらが真理の開示（証明）にあらゆる手を尽くしているにもかかわらず、偽りであると宣言せざるをえない。言い換えれば、それらにわたしが関与するにせよ、わたしにとってはおしなべて同じこと（Gleichgültigkeit）なのである。現今の時代では、サタンは激怒しているが、その怒りを隠しており、神によって秩序づけられたのではない結合に立つ諸真理によって人間たちを欺いている。」

エーティンガーは聖なる哲学の根底に基づいたすべての認識の究極目的《エンデ》を次のような言葉で表現した。この表現について、**ヨハネス・ヘルツォーク**はこの言葉とともに「認識の太陽の頂点に達した」といっている。

「わたしたちがキリストの中に注がれている神の栄光のうちに一切のことを眺めること、これが照明を受けることの究極目的である。この照明なくしては、それがどのような事態であっても、真の知性はなく、真の調和はなく、真の霊的共同体はない。『闇のなかから、光が照り出でよ、と命じられた神がわたしたちの暗黒の魂を神の栄光とともにイエス・キリストの御顔のうちで明るくされた。[12]』〔Ⅱコリント4・6〕とパウロが言うからである。しかしこのことをすべて信じない人々の知性は頑なで無能となるということは、この世の神が世に従う霊を通して世への同感へ誘うことによってそれらの人々からすべての喜び《ルスト》を奪うからなのである。その結果、彼らはイエス・キリストの御顔のうちの福音が明るく輝く光をみることを好まなくなる。それ自体ほんとうは楽なことであるのに。生への喜びのない文字を連ねた認識は世の中には満ちている、しかし、それらは照明を受けるには至らない。」

聖なる哲学（philosophia sacra）はその根拠からいえば、わたしたちが普通通用させている意味で哲学として理解しているものとは関係がないのである。聖なる哲学は、エーティンガーにとっては彼が生

（11）（訳注）（使徒17・20）「われらは神の中に生き、動き、存在する。」（新共同訳）

（12）（訳注）（Ⅱコリント4・6）「『闇から光が輝き出よ』と命じられた神は、わたしたちの心の内に輝いて、イエス・キリストの御顔に輝く神の栄光を悟る光を与えてくださいました。」（新共同訳）

きていた時代の特殊な出来事〔に立ち会うこと〕から生まれ明らかになった。聖なる哲学は彼にとって究極の向かうところ、イエス・キリストの内にある完全な救いを告知する聖書とその使信の至純性《アインハイト》（一致性）について理解することにほかならない。同時にエーティンガーは宗教改革の根本要件を満たしたのである。

編集者のユリウス・レースレ

聖なる哲学——キリスト教思想の精選集

目次

Ⅲ 小品集

I　聖なる哲学について

イエス・キリストによって〔聖書の〕真の諸概念〔理解〕を知るようにと手ほどきを受けた神学者は、聖書には、どんな小さな句読点であっても、根拠もなくそこに置かれているのではないという考えを捨てることはできない。〔わかりにくい言葉に直面して〕たとえ今のところまだその発生的《ゲニアーリッシュ》（つまりどこにその語の生みだされた由来があるのかという）理由を見いだせないし、その見通しが立たないとしても、それにもかかわらず、なぜ神の御言葉がこのように、ほかでもなくこう配置され、とりもなおさず別な風に発言されていないのかという理由を、〔自分が見出せなかった場合にも〕後に来る未来の世代に至って〔時が熟すならば〕完全に内的に〔聖書的根拠のみに基づいて〕認識することになるであろうと確信してゆるがない。

彼が、**聖なる哲学**（philosophia sacra）なるものをなぜ言い出すのか、といえば、神がその秩序によって書かれた御言葉〔といわれる聖書〕が、なぜこんな風であって、目の前の鏡みたいに〔いつでもわかりやすく自分の姿を写すように〕置かれていないのか、自分なりの最もぴったりとした理由を探りだしてみるためなのである〔これが第1の点である〕。第2に、彼は、聖書は通常の生活で使用しないような口調は用いることはなかった、と認めるのである。彼は〔生活で使われる語り口調というのは〕人類の**共通感覚**（sensus communis）[1]でもあるのだから、その感覚を飛び越えてゆくようなもろもろの根拠が他に提示されても、それらを〔聖書の〕諸根拠ほど高度なものだとは思わない。〔聖書の場合の〕諸根拠は、このうえなく明るく輝いているのであって、どんな人の目の前にも置かれているからである。〔そうは言っても〕第3に彼は〔当代に盛んになっている学問やもろもろの分野の〕新発見を軽視することはないし、それどころか、イエスの思念に（ルカ12・2）ならって、それらの価値を尊重するが、〔聖書の顕す〕完全に普遍的に認められる事柄にまして高揚させることはしない。第4に彼は、認識への渇望に対して聖書の中に含まれている諸根拠の方が、およそ哲学者たちのかろうじて買い付け見せたがる家財道具立てよりも、ずっと多くの満足を与えること、それは疑いなしとみなす。第5に〔聖なる哲学といっても、それは静的・固定的なものではなくて、〕彼は、現在する世界時間《ヴェルトツァイト》にあって、その時間が未来へと通じるかぎり、それに適応する洞察を構築して（確定し）、聖なる哲学《サクラ・ヒロソフィア》とする。そして、彼はそれによって〔この世でもあの世でも通じる〕十分な幸福（Glückseligkeit）を約束する。その幸福は〔人類の〕堕罪《アプハル》の状態が浸透する中で、希望することが許される限りの範囲ではあるけれども。

しかし、現代では学術協会《アカデミー》の人びとは、上記のような諸規則を満足できるほど範としてはいない。みたところ彼らは〔根本概念を得ることを課題とする〕聖なる哲学に大いに努力し向かってはいる。しかし、聖なる御言葉がそこから湧出し生成する基本的諸概念《フンダメンターレベグリフッヘェ》の諸根底（die Gründe）へさかのぼる研究がなされていない。多数の哲学的諸観察（つまりさまざまに概念規定すること）がひしめきあって、それが彼ら

（1）「共通感覚」というのはエーティンガーの霊性を特徴づける重要な概念である。詳しくは「解説」を参照してもらいたい。

を、本来的な意味で優越支配する至高の諸概念たる生命・王国・栄光・心的にして霊的な魂〔などの聖書の根底的諸概念〕がそもそも何であるのかに至るまで、探し求められることなく、むだな、いがみ合いのなかにまぎれこませてしまう。〔これが第1の点である。〕

第2の点では、彼らは、みすぼらしいフィロゾフェーメ[2]を、聖書が前提とし、その「箴言」のうちに際立たせているような共通感覚《センススコムニス》にも増して持ち挙げてしまう。それだけではなく、さらに知恵を一種の代数学的公式にあてはめて所有するのを目指して、彼らは〔共通感覚に基づいて〕あるがままに事物を認識するのを低く見る。

第3の点では、〔旧い世界になかった〕新たな諸々の考案がなされたからには彼らは自分たちのために〔いわば〕哲学的教皇を選んで、党派的な思いで信奉する、そして〔自分の選んだ〕あの教師先生たちの提出したあれやこれやの命題と聖書〔の主張〕が一致しないのであれば、聖書の方を単なる隠喩〔比喩的なもの〕であると、手のひらを返した主張をする。

第4の点では、彼らは無限小〔に関する難問題の数学的〕の性急な研究によって、この種のシンボル記号が含んでいる現実的〔に解明できる〕事柄よりも、より多くのものを期待している。好奇心というものは気をつけなければならない。それはわたしたちにとって最も単純にして無くてはならないものを隠してしまうからだ。

第5の点では、その諸学説は見かけでこそ格好よくステキな形であるが、その形は何ら現実に永続はしないのであって、ある種の幸福を約束していてもそれは空しい。その幸福はきれいな、外的形態を見せてはいても、現実的には存続しないのであって、空しい約束である。そこから来る幸福は、健康に対しても、精神の元気づけに対しても、また生活のもろもろの必要にも応えることはない。

そこでどうして当節の人びとの好みが、昔のそれとこうも甚だしく逸《そ》れているのか、その原因をはっきり観てゆきたいと思う。聖書は上述した問題点を、一目瞭然に印象深く諄々と説く。すなわち、聖書は、〔共通感覚に訴える〕健全な言葉を〔用い〕、何人にも明瞭な根拠を〔提示し〕、〔強制のない〕真の自由な思考〔をゆるし〕、党派根性のないものの見方〔を勧めるの〕である。聖書は十字架の下で、〔永遠の命に通ずる〕至高の幸福の希望をもたせる。しかし当節風の人びとは、この負いやすいくびきを担《にな》おうという心づもりがない。

ここで、読者よ、わたしが40年このかた、どのような事柄をただひたすら考えぬき、練りあげ、そして報告するために労苦してきたか、おわかりになるであろう。

わたしたちは、神学から生じてくる危険に遭遇しないわけにはいかないのであるが、そのような危険のうちでも、最も冷や汗をかかせるのは、基本的諸概念（Fundamentalbegriffe）である生命・栄光・王国・魂・霊を〔聖書の根底の諸概念として理解するのではなく〕隠喩的な《メタフォーリイシュ》（比喩的な）意味で理解する〔こ

（2）（原注）哲学的省察の諸結果のこと。

とで済ます〕と、そのことから甚だしく危惧される安心が生ずることである。今日では、〔ヨハネの福音書・手紙などが伝える〕霊と水による再生〔ヨハネ3・5〕は、ヴォルフ流の着想を仲立ちとすると、〔人間の側のもつ〕記憶の力や欲求に関わる諸観念や諸形象の変革の事をいうとされる。しかし、イエス・キリストの霊の働きとは関わりないこのような変革とは、〔再生ではなく元からあった古いものの〕単に掃除されて整えられた光沢物にすぎないで、それはマタイ福音書12章44節(3)に書かれているとおりである。諸観念の変革、そのほかの諸力に関しての変革が、〔聖書の水と霊による〕再生（Wiedergeburt）の出来事に必然的にともなうは、真実である〔ヨハネ3・5(4)〕。しかし、神が霊と水によってどのように、また、何を働きたもうのか、についてはは何ら〔聖書にも〕言及されないままである。というのは、それは前者〔ヴォルフ哲学の変革〕ほどにそう容易に説明されえないからである。神学者たちが〔聖書のこうした〕窮極の〔基本的〕諸概念について、どんなに考究しても、考究し足りないほどに徹底して考察しないから、彼ら〔哲学者たち〕も、この〔聖書的〕根本諸概念を本来の意味ではなく〔せいぜい隠喩や比喩的な意味で〕受け取ればよいと信じ込んでしまう。わたしは一書『ヴュルッテンベルク王女アントニアの教示画の公開記念碑(5)』をこのような関連から発刊したが、この書物の方が、あの形而上学の先生がたよりも、多くのことを認識している。（『生の理念から導かれた神学』44―46頁）

生命の御言葉〔である聖書〕を生命の根底から、それに倣って理解することが最高の哲学である〔これが第1である〕。なぜ、神の御言葉が〔一方で人類の共通感覚に発するとされながら〕人間の言葉とは全く異なったものとして措定されているのか、なによりもその根拠（Grund）を与えることができる学説、それをわたしは哲学と名付ける。第2にそれは種々の記号的技法を用いず、深遠な計算術も必要なく、厳密な博物学の経験がなくとも、古来よりのすべての人間の目の前にある神の業《わざ》の諸典型に従うなら、深く考える平信徒《ライエン》によって、また学術研究者《アカデミカー》によって、特殊な手ほどきを受けなくても、おのずから理解されるような哲学なのである。第3にそれは、全ての人びとの知るはたらきに対して、また全ての人びとの共通の知のはたらきに対して、神のなさるもろもろの業は〔創造主の〕同じ形式を顕現するので、世の知者の造るすべての命題よりも、――世の知者たちは〔最近の〕諸々の新発見によって、これまで神の〔恩寵を受けた〕人びとにさえも知られていなかったような諸命題を探りだしたのではあるが――はるかに明るく納得のゆくものである。第4に、それは現今の時代にふさわしい人間の理解力に対して〔昔日と〕同様に十分な満足を与えてくれる。神はこの時代の中に隠れていたもうが、それに

（3）（訳注）（マタイ12・44）「それで〔汚れた霊は〕、『出てきた我が家に戻ろう』と言う。戻ってみると、空き家になっており、掃除をして、整えられていた。」（新共同訳）

（4）（訳注）（ヨハネ3・5）「イエスはお答えになった。「はっきり言っておく。だれでも水と霊とによって生まれなければ、神の国に入ることはできない。」」（新共同訳）

（5）（訳注）この論文は本書に掲載されている。「V　アントニア妃の教示画」参照。

もかかわらず十分に顕示されたもうからである。第5にそれは〔この世とあの世に共通の〕まことの幸福を享受させ、最も深い愛、大いなる平安や喜びを冠らせ、人を修錬するが、その労苦に豊かに報いるのである。

これらの5つの徳の力（Tugenden）が学術協会《アカデミー》の哲学には欠如している。

〔第1に〕初めからアカデミーの哲学は聖書から手を切って離れ、〔したがって理性、理性よ、とは言いながら〕最高の理性の可能性ということに対してまるで無関心を決め込んでおり、御言葉の位置づけについても自分たちの近視眼的視野の水準にならしてゆくことのほか、何ら〔それよりも高い〕別の根拠を付与することなどを望みもしない。

第2にその哲学は、どのように技巧をこらしても、無くてはならない知恵のために何ら寄与することができない。無くてならないものを見いだすことは、〔学術協会《アカデミー》の哲学ではなくて、例えば聖書の「箴言」や「コヘレトの言葉」に表される〕普遍的人間知性のために留保されている。

第3にその哲学は、マルブランシュ派[6]であれ、ライプニッツ派[7]であれ、またその他の派として名づけられようと、何らかの党派的に選別された方法に則っている。

第4にその哲学は現今の時代の流れにとってふさわしいばかりでなく、それ以上の根拠を付与すると主張するが、遺憾ながら、そういう根拠は、かの来世になってからはじめて認識されるはずのものであろう。

第5にその哲学は一種の幸福を約束しているが、その幸福は健康や人生の楽しみや危急に対していささかの援助をもたらすわけではない。

しかし聖書は上述の徳の力を実現し、いつわりなく自慢できる哲学を根底にもつ。とは言え、聖書の哲学は見た目の愚かさをよそおっているので、世の賢者には役に立たないのであるが、しかし世の知恵のすべてを集めたよりも、さらに強力なのである。というのも、聖書はその愚かさの外観をとっていても、至高の最終目的との完璧な均整《プロポルチオン》（完全な釣り合い）を保持しているからである。聖書が意志することは、わたしたち人間を、世の知恵の熟練者（Meisr）に仕立てるのではなく、神の前に集うその子供たちにすることなのだ。（『全集Ⅱ』425—426頁）

（6）（原注）ニコラ・ド・マルブランシュ（Nicolas de Malebranche, 1638-1715）フランスの哲学者。マルブランシュ学説は以下の通り。世界は神の内にある。わたしたちは、すべてを神によって神の内にのみ認識するが、神はすべてにすべてを動かしている。しかし、そのなかに解消することはない。神性とは、絶対的な、世界を超越し、世界の内に働く霊の生命である。エーティンガーはその学生時代に徹底してマルブランシュを勉強した。マルブランシュ哲学がそのキリスト教的背景のためにはじめのうちどんなに強く彼を引き付けたとしても、後になって彼はその哲学の神観のゆえにそれを拒絶したのであった。マルブランシュについては『シュヴァーベン教父たちの証』第一巻（エーティンガー『自伝』、現在翻訳中）、31頁そして122頁を参照。

（7）（原注）ゴットフリート・ヴィルヘルム・ライプニッツについては上記の巻123頁参照。

今日新進の聖書解釈者の言葉を聞いて、彼らを**ブライトハウプト**〔1658-1732〕**フランケ**〔1663-1727〕、老**ミハエリス**〔年代不詳〕、そして**アントン**〔1661-1730〕と比較してみると、この解釈者たちには、聖書の果肉の髄まで吸い尽くそうとの切なる欲求がいかに薄弱であるかがわかるであろう。というのも、彼らは有名になろうとして、聖書は彼らの自己流の解釈が不可能であるにもかかわらず、あくまでも聖書の事柄をひねくりまわしているのだから。彼らは、聖書の文字の一点一画が去りゆく前に、むしろ天地が崩壊するであろう〔マタイ5・18〕との至高の賢者〔イエス〕の語りたもう御言葉を迂回して、彼らの自己主張の強い企ての方へ向きを変えて進んでゆく。このような企てによって、なるほど、いのちの御言葉がしばらくは退場してゆくであろう。しかし、審判の霊が、いずれ、どんな仕方で彼らの自己流の解釈を襲うことであろうか！　その時、「あなたがこうなることを知ってさえいたなら、あなたはそれを配慮したであろうに」と〔勝手な企画に引きづられて〕皆がそろって主張することはできようが、しかし、今はその〔審判は〕あなたの目には隠されている。こうした悪疫は、どこにでも広がっていて、わたしたち〔神学者であって〕さえも、またそれでよろめき歩く、もしくは、少なくとも時折はまどろんでしまうほどである。

当節の体系的聖書解釈の規則は、哲学的厳密性を多分にもってはいる。しかしこの上なく重要な事が後退したままである。すなわち神はわたしたちを大家（Meister）に為そうとされるのではなく、従順な子供《フォルクザーメキンダー》たちとするのを欲したもうというのが依然として最重要なことである。聖書の真の哲学は、世にとっては愚かに見えるものでありながら、世にあって最大に賢明だと考えられている事柄に比べても、それにましてずっと調和一致するものを見いだせる〔という不思議な事態である〕。〔その一例を挙げてみればわたしの著書の〕「ヴュルッテンベルグ家の王女アントニア妃の公開記念碑」の書物のなかで、〔この記念碑と何ら関係ないと思われる聖書の〕エゼキエル書第1章と第10章について書かれている事柄は、世に馬鹿げたことと思われるに違いない。しかし、これが正しく理解されたならば、当世風の解釈者たちの形而上学は、全く違ったものとなるであろう。その形而上学は、全ての新進の哲学の解釈規則によって入手するのとは全く異なった、神の、魂の、罪の、救済者の、その霊の、サクラメントの、共同体の、そして終末的事物の概念を得ることであろう。（「全集II、第6巻」、426–427頁）

現代の神学博士たちが、フィーデル(8)を用いてかくもしげく傲慢の響きをたてることがなく、預言者たちや使徒たちのヴァイオリンを奏でたのであれば、そのときには、現代とは別の哲学が世に広まる

（8）（訳注）フィーデル（イタリア語の viola、英語の fiddle）は、9世紀以来西洋で用いられた弦楽器。ヴァイオリンの前身。ここではヴァイオリンの蔑称として用いられている。

ことになったことであろう。さて、さらに進んで、流行の学問に引き込まれることなく、この〔聖なる〕哲学の根底に基づき一心不乱に探究をすすめようとする人であれば、その人は、わたしがこんなところで書くことができるよりもさらに多くのものを見いだすであろう。（「全集Ⅱ第6巻」438頁）

聖なる哲学は、いのちを与える霊の道具である。この世の哲学は、いのちを殺す文字の道具である。

（『エーティンガーの生活と手紙』、644頁）

聖書は、聖なる哲学がなければ、ありえないのである。なぜなら、パウロは、いつわりの教師たちに対して、彼らは自分たちが何を語っているのか、そして、何について確信しているのか、を知ってはいない、と非難しているからである（Ⅰテモテ1・6―7、Ⅱテモテ3・7、ルカ23・34参照）。そうであるなら、もし彼が自分の語ったことについて、また自分が確実であるとして教えたことについて、完全に説明したり応答したりするために、自分の用いた諸概念の仕上げをすることができなかったなら、この非難はパウロ自身に降りかかってくるのは当然のことであろう。ところで、人はだれであっても、自分の語ることがもはや、わからなくなるか、それとも哲学もしくは根本諸観念（根底的諸概念）をもっているかのどちらかである。この根本諸観念について最大級の論争がある。**聖書の説明をすることが最高の哲学である。**（「全集Ⅱ第2巻」232―433頁）

おお、どれほどの謙虚な心でわたしたちは、このイエスの語ってくださった聖なる御言葉を受け入れたら、よいのだろう。「あなたが与えてくださった御言葉を、私は彼らに与えました」とは！〔ヨハネ17・8参照〕イエスが、その弟子たちをはじめて受け入れた際に発した次の言葉も、これらの言葉の一つである。「アーメン、アーメン、君たちに言っておく。今から君たちは天が開けるのを観るであろう。そして人の子の上に、神の天使たちが昇り降りするであろう。」（ヨハネ1・51参照）これらの言葉は、イエスに属する者であり、聖霊によって照明された人々がヤコブの梯子《はしご》の真の解明を、イエス・キリストのうちに、見いだすことになるのを示している〔創世記28・10以下参照〕。ところで、ヤコブの梯子のうちには、それを通れば地の最も低くあるものが、天にある至高のものと連結する（一つとされる）階段も存在するのである。ところが、人がまだこのような高次の照明に与っていないあいだは、その限りでは、天上から啓示され与えられた諸概念すなわち**啓示された根底諸概念の総合的組み立て**（nexum der principiorum revelatorum）を、まだ知りえないのである。だから人は、その限り、啓示された根本諸概念を自然の根本諸概念《プリンキピイスナトゥラエ》と結びつけることができない。だから人は、自然の根本諸概念から上へ完全に昇りきることができないし、また啓示された根底諸概念から完全に降りきることもできない。この約束が、万人に与えられているのかどうかという問いも生ずる。約束は、新約聖書に登場するイエスの弟子たち全員には、ひとり一人がそのことに気づいていたので、与えられていた、とわたしは思う。とはいえ、このような高次元の照明は、やはり聖霊を通して知恵の言葉を受け取った弟子たちにのみふさわしいことであろう（Ⅰコリント12・8）[9]。御霊に従って御言葉の知識を受け取ったその他の人々は、それほど広い視野はもっていなかったであろう。霊の中でもろもろの力を受け取った人々も及ばなかったであろう（Ⅰコリント12・9）[10]。それゆえこの賜物は、聖霊を特別な仕方で受けた完全な信徒集団《ゲマイネ》に、すなわちイエスの弟子たちに、約束された。したがって、旧約のもとで弟子となった人とははるかに相違しており、彼らはそこに到達することはできない。だからイエスと出会った人々が霊的事物についてふさわしく語ることができる。

　ところで、これまで述べたことは、聖なる哲学を一瞥したにすぎないが、これだけでもすべて現代の世の賢者たちの理解にとって、とくに観念論者《イデアリステン》たちの理解にとっては、いかに不可解極まることと思われるかは、わたしには容易に想像できる。

　しかし、観念論《イデアリスムス》とは何であるのか。唯物主義《マテリアリスムス》を目前にした駿馬の怯えのようなものである。ああ、幾世紀にもわたって、悪魔が考案した巧妙な手口を悪魔の歴史記述の積み重ねの中から理解することができる者が誰かいるであろうか。その手口とは、世の人の気に入りたいというほとんどすべての哲学者や神学者たちの心に乗じて吹き込む脅かしであり、そのような人間へ恐怖心を植え付けるのである。神の御言葉は、まったく巨大にして純粋な形象的な諸概念をわたしたちのうちに産み出してくれるはずであるのに、悪魔はもはやそれが本来の根底をもつ意味によるのではなく、さりとてもはや法的（正義にかなった）解釈上の規則によるのでもなく、観念論的でサドカイ派的祭司根性および精神をもちあわせない感性におもねって、あらかじめ抱かれた主張によって聖書を説明しつくすことを狙っている。そうなると聖書の豊饒な諸概念が、空虚な、力の抜けた命題へと変質をされるということになる。(「全集II 第1巻」74―75頁)

天上の星辰の巨大な落下という重大な出来事が数百年前にすでに起こった。巨竜の尻尾の力によって現代でもなおこのような星々が投げ落とされる。しかもそれは暴力によってではない。暴力ではなく、レビアタンのなめらかな尻尾が背後から忍び寄ることによって、あるいはそのうなじの捩《ね》じり(斬新な屈曲運動)によってそれをなすのである(黙示12・4)[11]。これは何としたことか。教父たちのうちの最も深い内奥に隠されていた生命思想の純粋な霊的源泉が、七つの頭部をもつ龍の学的形象によって、変質《メタモルフォーズイールト》したのであって、その龍はその身に聖書をぶらさげてこう言うのだ。「われわれは、義《レヒト》とは何

---

(9)(訳注)(Iコリント12・8)「ある人には〝霊〟によって知恵の言葉、ある人には同じ霊によって知識の言葉が与えられ、」(新共同訳)

(10)(訳注)(Iコリント12・9)「ある人にはその同じ霊によって信仰、ある人にはこの唯一の霊によって病気をいやす力があたえられています。」(新共同訳)

(11)(訳注)(黙示録12・4)「竜の尾は、天の星の三分の二を掃き寄せて、地上に投げつけた。そして、竜は子を産もうとしている女の前に立ちはだかり、産んだら、その子を食べてしまおうとしていた。」(新共同訳)

であるのかを知っている。だから、われわれのための聖書をもっているのだ」（エレミヤ書8・8）[12]と。だからきわめて真摯であり、品位この上もない人々でさえ、実際に聖書のうちに自分たちが文字通り読みこんでいるところだけが確実であるとみなすことになる。ところで彼らはまもなく、書かれている事柄と、その事柄が由来する最深部の隠れた根底とはどのように関係するのか、を熟考するのに疲れてしまう。あの蛇はこのことを知っていて、古い手管を用いて、アダムとエバを間違った解釈に連れ込んで欺いたのだった。それだから、あの蛇は、読まれた聖書の真理が、霊もしくは隠れた根底的な諸理念と結びついて受け入れられなくするようにたくらんで、いまだにあちこち動き回っている。この聖書の根底的諸理念は、（聖霊との）結びつきの他に何をも意味しないのであるが――。このように龍は聖書を自分の身にかかげて聖書そのものへの信頼を手段として人間を欺くが、それでいながら次には、霊を欠いた文字で、〔欺かれた〕この人間たちを殺してしまう。しかしわたしたちは聖書の内側のものも、外側のものもすべてを合わせて取り入れているので、御言葉自身のうちに含まれている法則とは異なった法則が何人によるにせよ押し入ることをゆるさない。聖書は、神から出て、神のみ前で、そしてキリストとともに一つの霊のうちに存在する人々にとっては、生命《いのち》の御霊の法なのである〔ローマ8・2〕[13]。この人々は、預言は自己の解釈によって起こるのではないこと、すなわち聖霊の根底的理念がなくては、いかなる預言も説明されることはできないことを知っている。イエス・キリスト、預言者たちと使徒たちは、哲学者たちが決して到達しえない深くして微妙な究極の諸観念をもっている。

　神はこの基底的な諸理念を体系的な、あるいは、数学的秩序のなかへと整えられるために苦心されたもうたわけではなく、それらが、天国への道を教えられた学者たちによって、底深いところから引き上げられるのがよかろうとされた、とわたしたちは認識する。これらの諸理念は、さまざまな言葉によって予言者たちの精神の自由に沿いながら叙述されてきたが、それでも、なくてならない事はわずかである。〔人間の〕自然的生命は、煙のようなもので、それはほんのわずかな間は持続するが、過ぎれば消滅してしまう。しかし〔人間の〕霊魂《ゼーレ》はこのような煙ではない。霊魂は消滅しえないもので、それは神から来て、再びそれを与えたもう神に帰るのである。だから、霊魂は煙のように再び始めにもどるわけではない。神はモーセによれば、燃えつきない火である〔出エジプト記3・1―3〕。〔ここに現れた天使〕は栄光の神の一顕現なのである（使徒第7章〔30節以下〕）。だから神は、火と同じでみずからのうちに実体、元素、織りなす運動力をもつが、ただし、その火は消えることなく、尽きることな

（12）（訳注）（エレミヤ書8・8）「どうしてお前たちは言えようか。『われわれは賢者といわれる者で主の律法を持っている。』と。まことに見よ、書記が偽る筆をもって書きそれを偽りとした。」（新共同訳）

（13）（訳注）（ローマ8・2）「キリスト・イエスによって命をもたらす霊の法則が、罪と死との法則からあなたを解放したのです。」（新共同訳）

く、そして自然の火のように原初状態に帰り行き〔消尽する〕ことはない。啓示〔という事態〕はもとより質料もないいし、実体もないとは言い切れないが、それでも、神と、霊魂と、霊は、単なる質料であるとも言わない。神もその御言葉も断片的部分によっては理解することはできない。

霊魂（die Seele）は、生命の息吹（ein Odem）なのである。したがって二重の生命の火である。一方の火は容器であり、他方の〔火の〕根拠であると。一方の火は、根源と開始を含んでいる辛さである。他方の火はその根源〔と開始〕を完成させる柔軟性〔穏やかさ〕である。このことは、ウリムとトンミムという言葉[14]で〔祭司の〕胸当てに付ける身体的形象として叙述される〔出エジプト記28・30〕。光は火の完全性である。光は火をやわらげる。聖霊と火によってわたしたちは洗礼を受ける。しかしまたわたしたちは水と霊によっても洗礼を受ける。

水・血・霊は地における三つの証人である。水とはイエスの言う生命の水〔ヨハネ4・14〕であるが、この言葉〔生命の水〕が単独で挙げられる場合であれ、洗礼の可視的な水の場合であれ、〔その本質は〕隠されてある。

血は霊魂の火によって生命を与えられたものである。だから血は火と同等のものである。水と血は聖霊の火によって浸透される。ヨハネはさらに〔ヨハネ福音書の〕第1―5章に言葉もしくは霊を、さらに第6―7章では水の名のもとで生命を、そしてさらに生命の光ないし生命の内にある火を第8・9・10章で叙述する。ヨハネがこれらの方向を目指していることは、はっきりしている。

このような聖霊の根底的諸理念を回避しようとする者は誰か？　それらが単に形容的表象（比喩的なもの）にすぎないと、そう理解しようとするのは誰であるか？　こんな風なら、霊魂に関していくら読んでも、それが生命の火であると夢にも悟ることができないし、また御霊について読んだとて、それが生命の光にほかならず、世の光すなわちイエスから発して、霊魂の火に直ちにみずからを分け与え、それを高貴なものにしてくださるなどと、まったく解することができない。根底的諸理念はさらに多くの名称があり、たとえば塩であるとも言われる。塩は、点火されない潜在的な火である。火は点火した塩であるが、これは消尽されることはなく、霊の糧となる。このように、イエスの根底的な知《グルントヴァイスハイト》は哲学者のそれとは全く異なるのである。その知はたいへん感覚的で具体的である。聖霊のうちには、光のうちには、火と塩のうちには、およそ造られたものの諸々の特性が潜んでいるのであって、消滅やカオスだけは潜んでいないが、そのほかのすべての特性が存在する。したがって、それら〔イエスの根底的な知の諸概念〕は、死ぬことや消滅することからの自由、もしくは、消尽《しょうじん》させる火に対抗する非消滅性や抵抗力が特有ものである。だから、裁きの火とは、イエスの肉と血に由来する天上の火が生

（14）（原注）ウリムとトンミムはルター訳では「光と義」と訳されているが、詳細にはわかっていない。大祭司が胸の上に着る袋状の衣服（胸当て）に入れ、それらを用いて神慮を尋ねたと語られている（出エジプト記28・30；レビ記8・8）。

育することである。それは、当然のことながら消尽させる火に抵抗して、その試練に耐え貫くのであるから、朽ちることのない身体を存続させる本質をもたなければならない。だから、イエスは、それぞれ一人びとりが地獄の火によって害を加えられることのないように、躓《つまず》きの棘《とげ》を抜きださなければならない、人は火によって、塩づけられなければならない〔マルコ9・49〕、と言いたもう。つまり、これは各人がイエスの肉と血という天の身体性によって浸透されていなければならない、そして、聖なる火に全焼される神の供えものとならなければならない。それゆえ、あらゆる供えものには、塩が加えられなければならない。塩と結合するとは、相互に引き離されることのない、永遠に持続する契《ちぎ》りとなることである、〔マルコ9・49―50〕[15]と言われる。これまで語られたことのすべては、〔神から特別の恩寵を受けた〕神の人々のもつ真の根底的理念をわたしたちの手に付与したまう。身体性は最高の特性である。だから精神はこのような塩を欠けば完全な精神ではない、それは精神の始まりにすぎない。イエスが「君たち自身に塩をもちなさい。そうすれば、君たちは躓づくことも躓かせることもなく、君たち相互に平和を保つであろう」とはこの事を言いたもう〔マルコ9・50〕。さて今や、肉となりたもう御言葉の諸特性からさらに信仰の類似性へと進みゆくならば、すなわち神が肉において自らを啓示したもうたこと、神性の充満が肉体をとってみずからを顕現しようとされたこと、そして身体を備えて現われるにもかかわらず、永遠なるこの生命のもつ諸々の始まりと継続力を、洗礼や聖餐という形で、世のすべての哲学に対抗して告知されたこと、そして今まで存続してきたことを考究するならば、このことによって確実なのは、神がひとたびこのような身体的な仕方ですべてにおけるすべてであることをご計画されているからには、神はそもそもの始めからもこのような霊的－身体的諸特性をもって万物の中へ流入《インフルイーレ》したまうということである。それゆえ、栄誉を得るのは調和《ハルモニア》の体系(16)ではなく、機会原因論《オカジオナリスムス》(17)のそれでもない。そうではなく流入《インフルクス》は、感覚に感じられるように、その価値と賛美を保つのである。アーメン。わたしたちはそれを身体のもつ肉眼でみることになろう！

（「全集Ⅱ、第1巻」215頁）

（15）（訳注）（マルコ9・49－50）「人は皆、火で塩味を付けられる。塩は良いものである。だが塩に塩気がなくなれば、あなたがたは何によって塩に味を付けるのか。自分自身の内にしを持ちなさい。そして、互いに平和に過ごしなさい。」（新共同訳）

（16）（原注）この体系はゴットフリート・ヴィルヘルム・ライプニッツ（Gottfried Wilhelm Leibniz, 1646-1716）によって主張された。彼の理論の根本的特徴はさまざまなものを結合する努力は調和によるという。彼はこの思想を特にその最重要な著書『弁神論』（1710）で展開している。

（17）（原注）機会原因論（偶因論）というのは、哲学者アルノルド・ゲーリンクス（Arnold Geulincx, 1625-1669）の学説である。魂の感覚が生じる機会にその出来事に応じる身体上の変化が生起する。身体上の変化が生じる機会にそれに応ずる魂の変容が生起する。このような生起を呼び起こすのが神である。人間は世界の動きに対して謙虚に合わせてゆく単なる目撃者であるほかはない。「そうであるなら、そうであるほかない」！

II

エーティンガーの神学的思想世界より

1　神と神の本質

知られざる神があなたに知られるようにならなければならない。そうでないと、あなたは滅びに近づくのである。前進してゆかないことはすべて、後退して滅びに向かう。このことは幾千回ともなくすべての人の内心にひそかな暗示としては起こってくる。しかし〔人一般ではなく特に〕キリスト者たちの中では、世の光が〔知られざる神としてではなく〕最終的一度限りに人間の姿をとって臨みたもうたのであるから、異教徒たちの中よりもはるかに大きな審き（Gericht）となっている。というのも、この光は、イエスの人格《ペルソナ》と霊から発する福音として〔ユダヤ人ギリシア人を問わず諸国〕一般の人たちへ宣教されたことによって、甚《はなは》だ輝きを増し加えたばかりか、その光は、とりわけキリスト者たちを、艱難を通して修練し続けているからである。その結果、彼らは、その心の内に植えられた御言葉と真理の宣教（Predigt）を通しあらわされる霊の力によって、節度を保ちながら生き、また正義を生き、かつ神の祝福を生きるようにもとめられている。その際彼らの内心では互いに責めたり、弁明しあったりして、数多くの帰結が生じてくるのだが、キリストの語った御言葉やキリスト者たちの練りあげた言葉が、彼らを現実に糺《ただ》すのであり、それが彼らを最後の審判の日にも糺すであろう〔マタイ12・36〕。(1) この審判に対して神の平和が最後の決着をつける。真理の霊が信仰によりわたしたちの心から自己愛的、自己義認的な思いを洗い清めたならば、そのあかつきにこそわたしたちに平安が来るであろう。

(「全集I 第3巻」、256頁)

神の本質は、顕現している《オッフェンバール》が、かつ、隠されている。顕現しているというのは、神が万物を超えている〔万物に勝っている〕ということである。隠されているというのは、神が万物の内にあり、万物を貫いていることである。そのほか、神の本質について何が語られようと今の時代には、空しいことである。神がご自分を自ら顕現されるのは、神のそれぞれの様相のままに従順に従う各人の心の中にそれぞれなのである。それ以上のことは時の経過が教えてくれるであろう。(「全集I 第4巻」、331頁)

イエスは、神すなわち彼の御父について語りたもう。使徒ヨハネの語るに「わたしたち使徒が彼〔キ

---

(1)(訳注)(マタイ12・36—37)「言っておくが、人は自分の話したつまらない言葉についてもすべて、裁きの日には責任を問われる。あなたは、自分の言葉によって義とされ、また自分の言葉によって罪ある者とされる。」(新共同訳)

リスト・イエス〕から聴いたところのこと、その告知をあなたがたに再び伝えるのだが、神は光であって、神のうちには、少しの闇もない」（Ｉヨハネ1・〔5〕[2]）と語った。〔この使徒ヨハネに反駁して〕神のうちにも〕闇があると主張したのは、ケリントスの信奉者たち[3]や思慮分別力《フェルシュタント》をもたないさまよう霊たちであった〔とエイレナイオスなどの初期教父も使徒伝承の言葉を伝えている〕。神について明らかな像《ビルト》をもとうとするならば、その時には、わたしたちは、神は全くの光である、と言う。それは〔使徒〕ヤコブが次のように言うことと同一である。「完全な良い賜物は、諸々の光の源の御父より下ってくる。御父の許には、造られた諸々の光うちにあるような変化（「変化」はギリシア語では Parallage παραγγέλη）する闇はない」〔ヤコブ1・17〕。[4] 被造されたもろもろの光にあっては、あり方や様態によって太陽、月、および惑星という風に区別されるが、神の御下《みもと》では変化は見られない。このような被造物の場合には、光と陰の交代が常時ついてまわるのである。

　使徒たちは、ケリントスや魔術師シモン[5]の謬説を論駁しようとしたのであるが、教父エイレナイオス〔130頃—202ガリアの主教[6]〕が語ったことによると、彼ら〔異端説を説く者ら〕は底深いところ、沈黙したところから脱出する多くの出口があること、そしてわたしには詳しいことはよくわからないことだが、神のことをあれこれあげつらって言ったことには、モーセの神は本当の神ではなく、モーセ以前にも他の神々が成立していたというのである。はたして〔後代の〕マニ教[7]もこうした教説を採用したのである。このような〔後にグノーシス派と呼ばれる〕異端のすべてをヨハネは断ち切り（Ｉヨハネ5・20）[8]

取り除こうとした（Iヨハネ2・26）。[9] 彼は御言葉《ロゴス》は初めから神のもとに居たもうたし、神自身は永遠

（2）（訳注）（Iヨハネ1・5）「わたしたちがイエスから既に聞いていて、あなたがたに伝える知らせとは、神は光であり、神には闇が全くないということです。」（新共同訳）

（3）（訳注）ケリントス派は小アジアで活動した使徒時代の異端者ケリントス（Kerinthos）の信奉者たちのこと。世界の創造者は至高の神とは差別されること、イエス・キリストが神の子であることを反駁したといわれる。

（4）（訳注）（ヤコブ1・17）「良い贈物、完全な賜物はみな、上から、光の源である御父から来るのです。御父には、移り変わりも、天体の動きにつれて生ずる陰もありません。」（新共同訳）

（5）（訳注）魔術師シモンについては、使徒8・9—25参照。

（6）（訳注）Eiρηναίος. リヨンのエイレナイオスとも呼ばれる。

（7）（訳注）創始者マニ（215/216-273）はツァラトゥストラ、仏陀、イエスを先駆者として自らを最終的な啓示者としてマニ教を創設し、ペルシア語やシリア語で一群の二元論的包括的文書を残した。エーティンガーは、使徒ヨハネの論駁するケリントス派を混合宗教としてマニ教の先駆としてみているのである。

（8）（訳注）（Iヨハネ5・20）「わたしたちは知っています。神の子が来て、真実な方を知る力を与えてくださいました。わたしたちは真実な方の内に、その御子イエス・キリストの内にいるのです。この方こそ、真実の神、永遠の命です。」（新共同訳）

（9）（訳注）（Iヨハネ2・26）「以上、あなたがたを惑わせようとしている者たちについて書いてきました。」（新共同訳）

の知恵〔思慮分別の究極〕であり、また言葉であり、光であり、生命であり、神は自らと並んで、自らのもとに御言葉をもちたもうた、と簡潔に語る〔ヨハネ1・1―5〕。したがってヨハネは、神と御言を唯一の光として記すが、それにもかかわらず、神のもとに神と並んで（bei und neben Gott）二性をもつと記した。ヨハネは三一性（Dreiheit）については、この聖書の〔ヨハネの手紙の〕箇所では何も伝えなかった。だから、神が光であってそのうちに闇がないという告知が、ケリントス派の異端説に関連して言われたのは明らかである。この異端説は、後にプラトンやカバラーを誤解して用いて、神をさまざまに捏造《ねつぞう》するようになった〔から歴史的にいかにこのヨハネの使信が重要であったかがわかるのである〕。

しかしわたしたちは、〔ゆがんだ傍流ではなく〕モーセに体験された本流の現象（Haupterscheinungen）を取り上げようと思う。神はモーセに対し火のうちに現れたもうたが、神が〔律法に書かれているように本来不可視であるのに――出エジプト記20・4参照〕可視的な形態をもったので、ステファノは次のように言い表した。「神は、このモーセを、燃える柴の中に現れた天使を仲立ちとして、指導者また解放者としてお遣わしになったのです。（使徒7・35）」この顕現を、ステファノは天使と名付け、言い換えると、火と光の中で神によって遣わされた現象と言っているが、同時にその現象で神の内なる御名「わたしは・在る・であろう」〔出エジプト記3・14〕が啓示されたのだった（傍点訳者）。その外《そと》の現れは燃え尽きればやむ火、被造物としての火であった。古代人は神の顔である天使を見たならば、死ななければならない、と考えていたのは周知のことである。だから〔旧約の勇者〕ギデオンや〔旧約の預言者サムソンの父〕マノアは「わたしたちは死ななければならない。神を見てしまったのだから」と言った〔士師記6・22、同13・22〕。ここでは、天使という名で神の啓示〔顕現〕が理解されており、しかも天使は光のうちの神の顕現であり、この事は、神は〔使徒ヨハネやヤコブの〕完全な光であるという認識と一致する。この光は、その特別な放射口・注入口（Ausgänge）〔複数〕を有しており、〔とりわけカバラーを信奉する〕古代人たちはセフィロート（Sephirot）と名づけた。そして彼らはそれらの諸放射・注入口を〔一例を挙げれば〕I歴代誌29・11に挙げられた諸々の名前[10]を用いて名付けている。このような諸々の放射口が（ミカ書5・1によればマザオト）が7つの諸霊である。[11]この〔七つの〕諸霊がすべて光であって、このことからヨハネ〔Iヨハネ1・5〕とヤコブ〔ヤコブ1・17〕は、神は光であると

---

(10)（訳注）歴代誌上29章11節の内容はイスラエルの全会衆の前でのダビデの祈りの一部である。「偉大さ、力、光輝、威光、栄光は、主よ、あなたのもの。まことに天と地にあるすべてのものは、あなたのもの。主よ、国もあなたのもの、あなたはすべての者の上に頭《かしら》として高く立っておられる。」（新共同訳）セフィロートという言葉は、聖書には出てこないでカバラー（ユダヤ教神秘主義）の用語である。（『聖書大辞典』、キリスト新聞社、の「カバラ」の項参照。）

(11)（訳注）ミカ書第5章1節。「エフラタのベツレヘムよ。お前はユダの氏族のうちでいと小さき者、おまえのなかから、わたしのために、イスラエルを治める者がでる。彼の出生は古く、永遠の昔にさかのぼる。」（新共同訳）マザオトとは種なしパンのことであるが、この句との連関は不明。

いう。その光は一つの光であるとはいえ、それにもかかわらず、もろもろの光の産出者かつ御父から発しつつありながら、七つの霊に区別された光でもある。神が光でありたもうとは、このように多くのことを含んでいる。

神ご自身を見ることができない、しかし、その顕現は知恵のさまざまな程度や段階に応じて見ることができる（箴言8章）。福音書記者ヨハネは、聖なる顕現に見られる神の光のこうしたもろもろの相違を最終的に以前よりは理解しやすくした。その光は、今あり、昔あり、そして後来たものの祝福《グルス》（Gruß）〔ルカ1・28参照〕を通して、そしてまたその七つの霊を通して理解しやすくなったのである。しかし、人の子の肉による神の顕現、これは最大の啓示（顕現）であるが、その只中にあっても弟子たちによって長期間にわたって理解されなかったのだった〔ヨハネ14・9〕[12]。ところが後になって、彼らはみなイエスの顔のうちに示された神の栄光と神の光を告げ知らせるようになったのであり、その時には彼らはイエスの肉のもとに立ち止まってはいなかった（コロサイ1章）。

神は幾年《いくとせ》を経てヤコブ・ベーメに神の栄光の多くのことを啓示された。しかしそれはうわべにこだわり自惚れるものたちによって曲解された。ヤコブ・ベーメはその著作『大いなる神秘（mysterium magnum）』では、ユダヤ人の著作したカバラーのすべてよりも多くの事柄を語っている。しかし、この書は〔ベーメに敵対した彼らの〕偏見を排除し、それと闘うすべを心得ているひとたちに対してのみ書かれているのであって、そのことを実行したひとりが、シュペーナー博士なのであった[13]。

これらのことをどうも理解できないという人は「神は光なり」というイエスの唯一の告知のもとに留まればよい。その人は神を愛すればよい、そうすれば神に知られるようになるから、そうしたら一《ひと》重《え》に使徒ヨハネの手紙に帰依するがよかろう。神は愛であり、そして愛の内に留まる人は、神の中に留まるのであって、神もその人のうちに住みたまう。そうすれば、聖霊がとりもなおさず彼を、次第に順序よく導き、すべての真理のうちに入らせてくださるであろう。(『聖書とエンブレムの辞書』290頁)

---

(12)(訳注)(ヨハネ14・9)「イエスは言われた。『フィリポ、こんなに長い間一緒にいるのに、わたしが分かっていないのか。わたしを見た者は、父を見たのだ。なぜ、『わたしたちに御父をお示しください』というのか。(新共同訳)

(13)(訳注)シュペーナー(Philipp Jakob Spener 1635-1705)はアルザスに生まれ、シュトラスブルグで歴史と哲学を学んだ。フランクフルトの自宅で、「敬虔主義の集会(collegia Pietatis)」を開いて、霊的覚醒運動を開始する。また『敬虔なる願望(Pia Desideria)1675』を書いて、ルター派教会の霊的な覚醒を提案し、これによって敬虔主義を具体的に発展させた。
『敬虔なる願望』堀 孝彦訳、玉川大学版世界教育宝典、53頁—176頁。(現在、ドイツ敬虔主義著作集第1巻に新訳版を刊行予定。佐藤貴史、金子晴勇共訳、ヨベル)

最初の人アダムは、無垢《ウンシュルト》〔無罪〕の身分に〔創造されて〕いたから、彼のもつ内なる光によって被造物たちの最深部まで見通し、その被造物の最深の本質にしたがってそれらに名前を与えたのであった〔創世記2・19〕。しかし堕罪（Fall）によってその光が消失してからは、神はもはや直接に光を与えて人間を矯正させようとはなさらなかった。アダムは〔サタンに欺かれたその妻エヴァの言葉を〕聴き入れて罪を犯してしまった〔創世記3・13〕のだったから、〔様々な形で示される神の御言葉を〕また再び聴くことによって助け起こしてもらわなければならなかった。だから、神は人間に対して一面ではご自身を隠したもうが、また他面ではご自身を顕したまうようになさる。堕罪後では、人間に対して直接目に見えるように現れることは〔罪びとである人間が死に至るので〕適切なことではなくなった。そのような仕方ではなく、言葉によってきめ細かに、人間へ向かってその心にさまざまな刺激を突きつけることによりご自身へと引き寄せるのがふさわしいとされた。そうして神は、もし人間が本気で受け入れようとしている場合なら、人間の心を内側から（innerlich）動かそうとされるのである。

だから今や、神が外側から（äußerlich）人間の前に差し出されてくる様々な申し出を受け入れようとするのか、それともしないのかは、ひとえにその心次第、人間の選択次第なのである。外側から差し出す様々な申し出という手段によって、神は内側から働きかけようとなさる。だがそれは神に完全にふさわしい秩序に基づき、また神の最高度のご好意にふさわしい秩序に基づき働こうとなさる。その秩序にしたがうことこそ人間が聴くことによって信仰（Glauben）へと備えられることであり、それより強い仕方でも、弱い仕方でも受け入れられない。

神によってみずからを引き立ててもらいたくない人々は、この秩序〔信仰〕を全く尊重しないし、神からありあまるほどの光を一挙にもらいたいと思っている人々も、これまたその秩序を尊重することはない。この双方の人々に対して神は隠れていたもう。彼らが、自分の勝手な浮遊〔二心〕、倒錯や愚昧を認識して、〔回心し〕正しい秩序の道へと向かってゆき、一つ、また一つと〔益ある経験を積み重ねて〕それを利用することを得て、「持っている者には、さらに与えられるであろう」というイエスの御言葉〔ルカ8・18〕[14]に従って歩む〔ことを見出す〕までは、神は隠れていたもう。そのような〔歩みをしなかった〕人々のうち前者の類は〔オムリの子・イスラエルの王〕アハブであって、この人は預言者ミカヤの言葉を信じようとしなかった（I列王記22・8）。その理由は、ミカヤがアハブの気持ちに沿うように語らなかったので、彼を罰したからである。後者の類がイスラエルの子らであって、彼らは神を試み、そして直接的なしるしをあまりに多く欲したのである。双方とも、神を強いているのであって、その結果神は彼らの前からはご自身を隠さざるをえなかったし、神はご自身がひとたび定めた秩序の仕方に従ってのみ証ししたもうとされたにすぎない。イエスは「そうです、父よ、これは御意《みこころ》に適《かな》う

（14）（訳注）（ルカ8・18）「だから、どう聞くべきかに注意しなさい。持っている人はさらに与えられ、持っていない人は持っていると思うものまでも取り上げられる。」（新共同訳）

ことでした〔マタイ11・26〕」⑮と語りたもう。それは、だからこのように隠れたもうことは、「あなたの光輝《ホーハイト》また人間の負い目《シュルト》〔のあり方〕にまったく合致しているのです」と言うのと同然なのである。イエスが御父の御前で欣喜雀躍《きんきじゃくやく》されたこの偉大なうえにも重要な教え〔の真意を〕をあなた方はよくよく聞くように！　イエスは御父を讃える。しかし不信の者に対しては、御父と同じくご自身を隠そうとされる。イエスは御父を讃える、しかし神を深く信ずる者に対しては彼の父と同じくご自身を開示しようとされる（マタイ11・25以下を参照せよ）。（「全集I 第2巻」、562頁）

神は、すべてのものの上にあり、すべてのものを通して働き、すべてのものの内におられる。このようにパウロは語る〔エフェソ4・6〕。神の求めの中から、神が何であるのか、祈り願うことによって学んでいこうではないか。神がみずから、誰であるのか、をあらわしてもらえない人、神がキリストのうちに神性に満たされて生き生きと内住することを神に教えてもらえない人は、迷いの多い思想を抱くことになる。その人は時として「上にあること」、ある時には「貫いてあること」、ある時には「内にあること」に過剰なほど沈潜する。だから、世界が神なのである、それで、もし君が死んだら、神の内に葬られるであろう、と信ずる人びともでてくる。しかし君は自分の思想を偶像のように崇拝することを避けなさい。神にそのたびごとに、また、たくさん教えていただき、鍛えられ、変えられなさい。そうすれば御子とは誰であるのか、は、父のみが知り、父が誰であるのかは、子のみと子が顕わそうとする人のほか、どんな人も知ることはない、と認識するであろう（ルカ10・〔22〕）。

（「全集Ⅰ第5巻」、74頁）

摂理（Vorsehung）というのは、聖書の用語ではなく、神がすべてのうちに働きを及ぼしているということを、最高度に強調した表現である。だから、この摂理という語よりはむしろAllwirkung（独占活動）という語の方が適切であろう。わたしたちにとって、神の独占活動ほど理解にあまるものは他にない。神はわたしを青年時代より教えたもうが、わたしは毎日この〔神の独占活動という〕概念を学び、神の子〔キリスト〕とともに「主よ、わが神よ、あなたはいかに多くのあなたの奇跡やあなたの思いをわたしの前で実行してくださったことであろう！」と呼びかけている。しかし、奇跡的《ヴンダーバール》とは何であろうか。――それは神がその統治に際して、ひとりの人間の意志に聴き従ってくださることが、まことにしばしばであるということである。（「聖書とエムブレム辞書」672―673頁。『エーティンガーの生涯と手紙』391頁）

（15）（訳注）（マタ11・25―26）「そのときイエスはこう言われた。「天地の主である父よ、あなたをほめたたえます。これらのことを知恵ある者や賢い者には隠して、幼子のような者にお示しになりました。そうです、父よ、これは御心に適うことでした。」（新共同訳）

神はアダムないし最初の天使が堕罪以前にあった真の原初的な自由へと、イエスによってわたしたちを移行させようとされている。神がもつすべてのものがわたしたちのものであるなら、そのときわたしたちは自由である、自由であるのは本性の聖性、もしくは本性の純粋性であり、このことが神性の本性を分有することであって、それが、わたしたちが自由である（Ⅱペトロ1・4）[16]ということ。こうした〔本性の自由への覚醒という〕仕方でパウロは、彼の弟子であるコリント信徒たちを分裂や言い争いから脱して霊による一致《アイニッヒカイト》〔エフェソ4・3〕へと連れ戻そうとしたのである。「あなたたちは、パウロやアポロやペテロを、かれらに特別の賜物があるからと言って、なぜ自慢するのか。実際、生であろうと、死であろうと、現在であろうと、未来であろうと、すべてのものはあなたたちのものではないかキリストは神のものである」（Ⅰコリント3・22）とパウロは言う。

あなたがたが霊にあって〔堕罪以前の回復された状態に入れられており〕、元型的もしくは原像的な真理のうちにあり、そのなかにあってすべてのものを持っており、すべてが意志においても、また諸傾向においても闘争がなくすべてのものが一致しているのであるから、見よ、そのようにして神はキリストによってあなたたちを〔聖霊の〕自由へと連れ出そうとされるのである。

あなた方が〔霊だけではなく〕あなたがたの身体《ライプ》の贖いも待ち続け、切望してやまざるを得ないのであるならば、あなたたちはすでにそれを得ていることを神は君たちに確約されている。あなたがたはキリストと共に死んで、葬られがて、復活して天国へ移された。神があなたがたのすべてなのである。神があなたがたに与えるすべての事を理解することが出来ないかもしれない。しかし神はすべてのものを所有する者として御覧になっておられる。

いまだになお非常に多くの失敗や欠陥を身にまとっているにもかかわらず、神がキリストの愛のうちにそのようにみなしてくださると信じることができる人は、常に喜んでおり、キリストにあって完全であり、完全となることの他に何をも望まないことを知る。その人は、モーセの多くの戒めに代わりキリストにあって命を与える霊の律法を自らの中に抱いている人々（ローマ8・2）であり、罪に定める律法がその人たちには何ごともなしえないことを知っている。その人は、多くの事柄〔の責任や義務〕から解放されかつ免除されており、他人が彼について陰口をたたき、違反だとして恨んだとしても、気にしないでいることができる。イエスは、その弟子達がいまだに多くの失敗をやらかしてはいたのであるが、彼らを早くも神の友として、聖徒として、また自由の法則のうちに立つ者として宣言されたのである（ヨハネ16・23—30）。したがって人がこのことを認識し、キリストにあっては完全で

（16）（訳注）（IIペトロ1・4）「この栄光と力ある業とによって、わたしたちは尊くすばらしい約束を与えられています。それは、あなたがたがこれらによって、情欲に染まったこの世の退廃を免れ、神の本性にあずからせていただくようになるためです。（新共同訳）

あるのだと、そのように自分を凝視することができれば、自分の固有の事でいまだしばしば悩まされるとはいえ、これは、どんな事情になるにせよ、大きな益あることであろう。

(「全集Ⅰ 第2巻」、258頁)

わたしは万事において神の大道にしたがって〔みずからを〕小さな塵〔コヘレトの言葉3・20〕としてみるだけであるから、主がわたしたちを忘れているらしいと思われても安んじていることができる。とにかく待つことが必要なのである!(『エーティンガーの生涯と手紙』、610頁)

一切の実在中の実在は、唯一の、永遠の、測り知れない、あまねく現存する神であり、始めも終わりもなく、万物を自らの内に含みたもう。(「全集Ⅰ 第4巻」、331頁)

わたしが自分の心を見いだすなら、それはどんなときであっても、神のみ顔がわたしを照らしたもう〔ときである〕、これは全く真実であって、単なる空しい美辞麗句などではない。

(『エーティンガーの生涯と手紙』、595頁)

主よ、あなたがわたしを創られたので、あなたはわたしを知っておられた。しかしわたしは自らの知性《フェルシュタント》を使用するようになるまでは、あなたを知り初《そ》めることはなかった。今は、わたしはあなたのことをたえて忘れはすまい、どのようにまたどこでわたしが〔何を〕欲しようと、歩こうと、とどまろうと、横たわろうとも、わたしはわたしであることを見出す〔訳注「わたしであることを見出す」の原語は ich befinde mich で、「わたしが存在する、ある、いる」の意味にも用いる〕。あなたはあなた〔ご自身〕をわたしに贈物としてくださった。それでわたしもまたわたし自身をあなたに贈りました。そのことを、わたしはこの両目で見ました。また、わたしの知性で認識しました。あなたは　おお神よ、天から落下する電光のようにわたしのもとに来てくださった。

おお神よ、わたしは、あなたを知る以前にはわたしはたえず不安をいだいていました。しかし、あなたを知ってからは、つねに自己自身に集中してわたしの内に帰還してこのかた、あなたのほかに何ものをも、あこがれ求めたりはしません。

わたしは信じる、万軍の主よ、アブラハムの神、イサクの神、ヤコブの神が真実の神であり、もはやほかの何人も、わたしの創造者、父、神、主ではないことを。

わたしは信じる、神が、聖書の中に彼の想起の御言葉（sein Angedenken）を書きとどめられたことを。また世の人がこの御言葉に確固として依拠するのが正しいことを。

わたしは信じる、イエス・キリストが神の子であり、神の祭司であることを。彼こそは十字架の祭壇でわたしたちをあがない、それによって聖書の言葉が鳴り響き実現したことを。

わたしは信じる、世は全く腐敗し呪われていることを。にもかかわらず、救い主を真摯に求める人は、それを見いだし、最高の富にたどり着くことを。その道こそキリストの光であり血であることを。

わたしは信じる、聖霊はキリスト者の心の中へ注がれて、身体も魂をも揺り動かすことを。聖霊は恵みの担保であることが確実であることを。

わたしは信ずる、聖霊はその実によって知られることを。聖霊の鍛錬による成長ははキリスト者にあらわれ、しかも人によってその現れが異なっていることを。これを感得する人が歓喜することを。

わたしは信ずる、この賜物を得る人は、死んでも、死なないことを。その人は墓から安らぎに入ることを。魂は天に走り行くことを。

信仰にはほかにもまだ多くのことが生じている。ところが、それらがみな目的を達するため役立つわけではない。あれこれと意見を述べたところで、利口にはならないではないか。正しくこれを信ずる人、その人が信仰の十分な人である。

キリスト教世界全体はどの教派にせよ、至るところ広く、上述したように信じている。純粋かどうかに程度の差があるだけである。願わくは愛による活動のみがあらんことを！

こうしてそれぞれの群れから、ときに小鳩が救世主に向かって飛び立ってゆく。飛べる者は、飛ぶがよい！　主よ、わたしたちに天の翼を授けてください。

この翼をもつ者は、信じ、愛し、願いをもって勤勉に働く者である。この飛翔のできない人は、信じていないし、生きてもいないことになる。

神、父・子・聖霊が助けてくださいますように！　わたしの信仰が、あなたを正しく賛美するように。神がときに応じて信仰の目的、つまり至福に向かってわたしを運んでくださいますように。

（「霊の歌」44―45頁）

2　三位一体について

三位一体（Dreieinigkeit）という言葉〔自体〕は聖書の用語ではない。第一ヨハネの手紙5章2節[1]に「この三者は一である」とあるが、この場合の一は算術的な一ではない。そうではなく〔聖書の奥義としての〕真実の一であり（ヨハネ福音書17章）それは外の現れはなるほど一ではあるが、内からみれば一なる多数《ミリアス》であり、隠された多の総体《インベグリフ》となり、多は一から発するが、実質は一なのである。ここから、三一性《ドライハイト》の概念についての誤謬も生じる。しかし、どんなに深く係わっても十分に深くは参入できないこの事態にこだわっていると、そのうち〔神的真理の〕太陽に触れ眼を焼かれて失明する。むしろ、待つがよい。主ご自身が主は唯一であって、その御名も唯一であることを明らかにしてくださるであろう。聖書が表現しているところにとどまっていればよく、聖書の欠けている箇所をすべて形而上学的に埋めてしまおうとしないほうがよい。一人びとり神に近づき、神にお任せしてゆけば、神はそれぞれの信仰に応じて自分の神になってくださる。（『エーティンガーの生涯と手紙』391頁、117項目）

神の一性と三性について微妙な問題をすべて究明してしまわないうちは、楽しい気持ちはやめようというのであれば、わたしたちは単純になったり、喜んだりすることもひどく妨げられてしまうであろう。わたしとしては、使徒たちの使徒信条《シムボルム》（信仰告白）にとどまりたいとおもう。とはいえ、その中にはなはだしく自分をはめ込んでしまって、神の思慮を原始から終末まで、何もかもイエスとその使徒たちの証言を根拠に検査するというようなことは望まない。このような具合で、聖職者でない信徒も、専門に勉強していない信徒も、あくせくと学問に携わるよりは、むしろそれぞれが神の愛を大切にすれば、まもなく平安をうることになろう。（『エーティンガーの生涯と手紙』391頁。114項目）

ああ、あなた、三位一体の神よ、あなたは［父なる神、子なる神、聖霊の］三の形をとられてご自身を啓示されますが、次のことを欠いては、けっしてあなたのことを思わないようにさせてください。すなわち、あなたは高みに住みたもう、また同時に砕けた心のなかに住んでくださり、卑しめられた人びとの霊に生命を与え、そして、破れた心を元気づけてくださる。このことを思わないでは決してあなたのことを考えないようにさせてください。あなたは、すべてのものに息吹（Odem）を与えて造ら

（1）（訳注）現行日本語訳聖書では7―8節（Ⅰヨハネ5・7―8）「証しするのは三者で、霊と水と血です。この三者は一致しています。」（新共同訳）

れました、わたしたちのいのちの息吹〔霊〕にも、あなたの聖霊をからだの衣のように着せてくださ
い。それはわたしたちの魂が空しいものとならないで、あなたによって住まわれて形づくられるため
です。アーメン。

3　神の言葉

聖書は神の導きのもとに書かれた御言葉〔IIテモテ3・16〕であり、それは、神的威信に従っている預言者や使徒たちによってまた神的支配の働きを通して、神の家の経綸《けいりん》のさまざまな時期に応じて書き留められてきた。それは、人間が何を信じ、何をなさなければならないかという事柄の一切を人間に教えるためのとても明瞭な指針《リヒトシュヌール》〔測り縄＝イザヤ書28・17〕である。それは人間が神に栄光を帰し、人間の歩みを聖なるものとして、永遠のいのちに達するためである。聖書全体は、神の霊（theopneustos(1) IIテモテ3・16）の中にあるとして、神の導きのもとに書かれた書物として記述されている。〔このような高次元の著作が人の手に可能だったのは〕神が聖書を著述するために道具として用いた人びとが、それらの記述を始める前に早くもさまざまな種類や程度の霊感や顕現を通してあらかじめ準備されていたのがひとつの理由である。また、彼らが語ったり書いたりしている行為そのもののうちに、彼らが神のみ

（1）（訳者注）当該箇所のギリシア語原文の二語 theos と en pneumati とを合わせた語で、「神の霊のうちに」の意。

霊によって動かされていたからでもある。(『生の理念によって導かれた神学』94頁)

わたしたちは、聖書〔世界の〕外に出てしまえば、みな打ち勝ちがたい暗闇に被覆《おお》われていること、だが〔この暗闇の中にいる〕わたしたちの思う諸観念であっても、それらが真実に直面することを通して本心から流れ出でくるようになると、神はその思いをしっかりした信仰であるとして受け入れてくださること、このふたつの事柄に〔潜む神の憐みに〕わたしは寄りすがっている。(『エーティンガーの生涯と手紙』663頁)

聖書は二種類の仕方で考察されうるというのは、明らかである。ひとつは、〔信仰や道徳の〕法的条項の判断基準として。もう一つは、生き方あり方を〔それに照らして考察する〕福音的方法と仕方の基準として〔の二種類である〕。後者を基準とするなら、霊に従い、真理に従って人はすべての点でイエスと同じ思いを現実に持たざるをえなくなる。前者では、聖書は書かれた石板のようなものだが、後者の場合には聖書そのものが霊であり生命となる(Iコリント12章、ヨハネ6章)。前者の場合、それは行為のための法的規準となるが、後者の場合、それは神とキリストがわたしたちに永遠の生命を与え給うたという福音の証しとなる。

前者の理解に従い〔探求する〕聖書の最大の難点は、その規則はなるほどある程度は認識できても、実行はできない、ということである。だから聖書の基準が後者の〔キリストの福音〕理解に応じる場合には、単に書物の形式ないしは文字としての〔一般の聖書としての探求だけですますわけにはいかないで〕、その基準が霊と生命として認識されなければならない。この認識が生起するのは、読みながら聖霊がイエスを直ちに救い主として変容させる場合なのである。さらに厳密に言うなら、いわば神の人と言えるような人が生きた声で、イエスを霊のうちに告知する場合であり、キリストの〔霊的〕からだであるそれぞれの四肢が、イエスの霊が語らせるがままに、語る場合なのである。聖書が、わたしの前にある〔一般の書物と同じ〕書物である以上は、何らかの基準を提供しているはずであるから、わたしは自分の知性と自分の内部聴覚とを、その〔基準に〕合わせて傾注させるほかはない。しかし、それがある生きた声の響きとともに聴覚に入ってくると、その〔聞き取りの〕瞬間は、わたしはあらかじめ動くことはできないで、その声がわたしを動かす。わたしが最初にその声に向かって動こうとする必要はなく、わたしがその声の響きへ向う前に、声の方がすでにわたしを変形させており、〔変形と〕同時にわたしはその声に向かうのである。〔これが「従順に聞く」ということの構造であるが〕わたしが聖書を単に書かれた〔法的な〕基準の書としてのみもっぱら用いるだけだと、そのうちわたしの傾向性が自分を曲がった道にいざない、またサタンが乗じてどんな時でもわたしを誘惑することとなり、その結果わたしは恵みの御座に与かるためには無くてはならないこと、すなわちキリストにより流されたその〔贖《あがな》いの〕血を信仰することを肝に銘じて、基本とすることは決してしなくなる。それをしないで、何かほかのものに対してキリストを当てにするようになる。しかし聖霊の中から発する生ける声がはじめて両耳へと響き渡ると、キリストの十字架の奥義を通して、彼がその執行を受けたキリストの洗礼によって、恩恵によって、生命によって、また純粋の霊そのものである全ての真理によって、それらによってのみ満たされる。その真理の霊の開示的提示《フォールトラアーク》は直ちにわたしを活動の場へと、否、実に聖霊の神殿へ赴かせ、わたしを造られたものの初穂となし給う（ヤコブ１・18）。だから聖書の絶対基準がその力を発揮し、その作用を働かせるのであるならば、その時には、人がひとりぼっちでも、時宜《じぎ》に応じた神の働きが必ず伴うのであり、あるいは召《まね》かれた集いのなかでも、キリストのからだから発する生きた声が必ず聞こえてくる。

　ヨハネは、その使徒ヨハネの手紙〔Ｉヨハネ第５章〕で、〔イエスが〕神の子であること、それを証明する神の証しは完璧に確実であるということを、〔信仰上の〕彼の子供たちを強めるために説き、たいへん努力している。とはいえヨハネは、神の証しであるからといって書かれた基準として〔はなから吟味もせずに〕持ちだしているわけではない。むしろそのためには、〔実に霊と水と血の〕３つの証しの内容が天上でそろって一致していなければならない（Ｉヨハネ５〔７—８〕）のである。[2] 彼は神の言葉について（ヘブライ12・25「あなたがたは、語っている方を拒むことのないように気をつけなさい。もし地上で神の御旨を告げる人を拒む者たちが、罰をのがれられなかったとするなら、天からの御旨を告げる方に背を向けるわたしたちは、なおさらそうではありませんか。」）、現在でもなお天上から語られる声として記述しているのであるが、その場合、彼はさらにそのうえに〔ヨハネの三の証し（霊と水と血）に加えて〕天の王国の臣従する者全体を〔も証人に〕付け加えるのである。こうして彼パウロはテモテ（Ｉテモテ6・14）にもこの〔なくてならない信仰の〕戒めを非のうちどころなく、落ち度なく、不変の測り縄〔イザヤ書28・17〕（判断基準）として〔主の再臨の日まで〕保つことを、そしてそれを監視するように切望している。わたしたちが生きている現代においては、ひどく倒れてしまったダビデの仮庵《かりいお》〔アモス書9・11〕[3]にはそこで模範となる人はめったにいない。だから、〔現代は〕聖書が〔本来持っているこの〕基準を使用し解釈するため解釈学的《ヘルメノイティシェ》原則付きの新しい聖書がすぐにも必要とされる事態となっているのではないか、と言われる始末である。

それにもかかわらず、わたしたちは神の深い慈愛に信頼せずにはいられない、神の慈愛は、わたし

（2）（訳注）〔ヨハネの場合のほか、ヘブル書の著者と思われていた〕パウロは上述の箇所ですでに考えていた（ヘブライ2・2―3、12・13「もし天使たちを通して語られた言葉が効力を発し、すべての違反や不従順が当然な罰を受けたとするならば、ましてわたしたちは、これほど大きな救いに対してむとんちゃくでいて、どうして罰を逃れることができよう」「また足の不自由な人が踏み外すことないばかりではなく、むしろいやされるように、自分の足で真っ直ぐな道を歩みなさい」ように。

（3）（訳注）（アモス書9・11）「その日にはわたしはダビデの倒れた仮庵《かりいお》復興し、その破れを修復して昔のように建て直す。」（新共同訳）

たちの頭上にあらゆる裁きが降ってきながらも、それでも神の小さな群れには救助のために、神の大きな群れには証しするために、また人を誘い寄せるために、天使たちや使者たちと称される人をいつでも派遣してくださることを信じよう。彼らは永遠の福音を時と所に応じてやさしく、聞き取れるように、また全ての人に用いられるようにするであろう。わたしたちも、彼らをその人だ、と認識し、尊重しなければならない。(「全集Ⅱ第6巻」332−334頁)

霊的な判断力(das geistliches Augenmass)という能力があって、これは書物からではなく、力ある新約の言葉と聖霊とから独特の見通しを得る眼識のことであるが、これは何という偉大な力であろうか。書物を読むと、激しい欲望のために、ちょうど母牝牛からもらったばかりの乳をまたひっくり返してしまうようなことがある。新約聖書のひとつひとつの字句についてさえ、私たちはそんなことをしかねない。新約の言葉はわたしたちを生かすはずなのに、わたしたちは自分を殺してしまいやすい。〔シュツットガルト宮廷の侍医で長年のわたしの信友〕ロイス宰相〔1712-1780〕は、パウロの言葉「文字は殺す」はモーセの律法だけ〔からひきだす理由〕によっては理解できない、ということを認めようとしない。わたしはどう言えばよいのか。彼に反論すべきなのか。わたしはすでに教理問答(4)の序文で彼に反論した。だが、どういう欠陥があって、最良の兄弟同士が相互に口論しているのか。答えは、霊的な判断力に欠けているからである。(『エーティンガーの生涯と手紙』667頁)

聖書がすべての書に勝っている長所は、そのメッセージが人間の状態に十分あわせて工夫されており、また普通の人間感情があれば、はっきりと聞き取られ、また全世界の人間の知性と良心に向かって語りかけていることである。ただひとつ難点となるのは、神がユダヤ人的な仕方で語りたまうたことであるが、この仕方できわめてはっきりしている点がある。このような〔神の語りを伝えるという〕長所を、語り方の上でもっているのは、イスラエル人たちのほか、どの民族であろうか。だからこそある学識あるユダヤ人がわたしにこう語った。「あなたがたには聖書の霊妙さはおわかりいただけない。あなたがたは世の巧みな知恵にあまりに多く親しみすぎていますから」と。聖書の言語には、若い頃からなじみ親しまなければならない。世の知恵はその後で学べばよい。

（『エーティンガーの生涯と手紙』358頁、10項目）

ユダヤ人たちの教え方はシナゴーグ〔訳者注　ユダヤ教の礼拝のための会堂〕で現代になってもなお実践されているが、多くの点でわたしたち〔ドイツ〕の仕方よりは勝れている。わたしたちは年がら年中説教している。しかし彼らは聖書、すなわちモーセ〔五書〕と預言者を読んでいる。彼らは、土曜日

（4）（原注）1「教理問答の歴史的・道徳的蓄積」1762年、3頁以下参照。

〔の安息日〕に集って読む箇所を、その週全体に配分してそれをくりかえし読む。このようにしてかれらは神の言葉をなじみ知るようになる。ユダヤ人の幾人もの少女がわたしの前で聖書全体を歴史的な順序で語ることができた。彼女たちがわたしたち〔ドイツの〕名前だけのクリスチャンのように〔霊的に〕見えず、聞こえないというのでないことは、確かだ。霊たちの主〔すなわちイエス・キリスト〕がすべての肉の離散の時代を廃止するあかつき〔終末の到来時〕には、かれらはウリムとトムミム(5)を用いて諸国民を回心させるであろうし、キリストの先達者たちの神秘のヴェールを開けるであろう。

（『エーティンガーの生涯と手紙』358頁、11項目）

わたしは数学的な厳密性《アクラテッセ》を愛しているが、しかし平明になりすぎることはその限りではない。過剰な平明性（Überdeutigkeit）は害を及ぼすからである。聖書の言葉は簡にして要を得ている。すなわちそれは含蓄に富むのであって、この性質はヘブライ語にもあてはまる。ところが幾何学的な方法にこだわり、聖書の言葉〔を幾何学的に対象化し合理的厳密に〕それらをめぐって関わるひとは、その含蓄ある意味の一部を切り取り、ある種の過剰な平明性を授与してしまう。そうなると、正当なさまざまな推論によって諸命題の完全な体系を紡ぎだせはしよう。そのような人は、真理の全体を捉えたように思って、がんこさ（Eigensinn）へと凝り固まるうってつけの方法をもつことになる。ここから自然に関する、そして恵みに関する多くの論争が生じる。論争したところでやはり自分が何を言っているのか、わからないし、どれが自然の境界なのか、あるいは恩恵の境界なのか、わからない。というのは恵みの言葉が、新約聖書の含蓄ある意味によって受け取られないからである。〔このような厳密性ばかりをことして解釈を続けていると〕神秘主義者の間からは、事態の本性からの奪略が多すぎ、恩恵のあり方についての解明が少なすぎると〔批判的に〕言われるし、正統派の人びとからなら、この〔論理性重視の厳密化〕に反対して、神の生命および生命の恩恵について抽象化をしすぎるし、すべてのことをあまりに地上だけに重心をおきすぎる〔と批判されるであろう〕。(『エーティンガーの生涯と手紙』392頁、113項目)

人間的な教えのすべては、ごたついて対立を生むものであり、またそれから出てくる数々のこと等々には、わたしはもううんざりしており、結果は、聖書と自然とを自分の唯一の逃げ場としている。というのも、神の業《わざ》〔である自然〕を考察すれば、それらは聖書の理解を助けてくれるし、聖書はまた神の業の理解を助けてくれるからである。神は成り上がりの神ではなく、造られたものを通しての啓示、また言葉を通しての啓示とそもそものはじめからひとつに結びついていて、そのように全聖書を著述された方である。だから、神の言葉としての発言と造られたものを通しての発言とを分けてしまう人

(5)(訳者注) ウリムとトンミムについては、I「聖なる哲学について」の脚注14(41頁)を参照のこと。
(6)(原注) すなわち、彼らはあまりにも生命の恵みの〔あり方の〕観察が少ない。

は、力強く（mit Nachdruck）教えを説くことができない。（『エーティンガーの生涯と手紙』391頁、116項目）

恩恵の状態には、人間はキリストを通して到達しなければならない。〔恩恵の下では〕善行も彼によって公正に受け入れられる。人間は職業〔召命、使命、天職〕に従うが、彼を照らすのは神の言葉である。彼は聖化されて、善性のうちに進んでゆく。

罪はキリストの血と傷によってその根を絶たれる。人間は新しく生まれ、聖なるものとして造られる。すると、先には離れていた者が〔霊の衣服を〕着せられて神と一つとされる。これをなすのは、まったくもって神のわざである。

しかし神は、これに加えてさまざまの手段の富も同様に与えようと欲する。神の言葉のなかに人間は真の生命を見いだす。聖書はその生命を前もって律法に告げ知らせている。福音は人間に恵みのさまざまな扉をあらわすのである。

イエスよ、どうかこの大切な教えをわたしのうちに入れて封印してください。この教えに反して歩んでゆくもの全てを、あなたが破壊するようにしてください。わたしに粘り強《ベシュテンデッヒカイ》さを与えたまえ。そしてあなたがよしとされるときに、わたしを至福にもお取りになってかの世界のあなたのもとへ受け入れてください。（『霊的な歌』3―4）

4　イエス・キリスト

イエスの生涯の道程の主要な段階と主要な部分は福音書記者によって誰もが知るところである。

1　すなわち三十歳を越えるまで、静寂のうちに齢を重ねられただけではなく普通に仕事をする平民的生活もあい経験された。殉教者ユスティヌス〔100―167〕の証言によれば、雄牛のくびき〔きつい労働〕を負った仕事を果たされたばかりではなく、それは仕事の生活と普通の労働を聖化するためであった。イエスが十二歳のときには、並み居る教師のまっただ中で耳傾けて聴くことも、問うことにも習熟されていた〔ルカ2・41―52〕ということは、他の子供のようにしきたりからシナゴーグ〔ユダヤ教の会堂。また礼拝のためのユダヤ人の集会〕や学校に通っただけではなく、そこにはびこっていた無秩序にもかかわらずその場に進んで自分を適応させて、そこを自分の御父の場所だとされた。これは、学校の秩序に自由意志をもって服従するのも自分のためになるというばかりではなく、十分な時間を取って聖書を朗読し、問答によって聖書の意味に基づき、真理の考察をするようになることである（詩編119編）。当時のイエスは、〔霊的な畑を〕鋤《すき》で耕す子牛のような人であった（エゼキエル書1・10、10・

14、黙示録4・7）

2　彼の人生の第二の状態ないしは第二の段階は、〔洗礼者ヨハネからの〕バプテスマ〔洗礼〕に続く〔荒野のサタンによる〕試みから受難に至るまでであった。この段階では、もはや両親に対し何事も、他所《よそ》から見て服従しながら、市民的な義務の仕事を果たして生活したというばかりではなくなる。それだけではなく、恩恵にある唯一の人間として、完全で内的な自由な服従に生き、神とすべての人間の僕となって自らへりくだりたもうたのであり、そして所有するものといえば、それ以前と同じで、自分の枕するところさえ持たなかった。その立場は「わたし、人の子は何事もわたし自身からは為すことができません。わたしは聞くがまま、対処しています。それでわたしの対処は正しいのです。わたしは自分の意志を行っているのではないからです〔ヨハネ5・30参照〕」というものであった。彼は神がこの内なる人間に基づいて彼に与えたもうあらゆる時間を待ち受けていた。すべての瞬間は彼には神にあって同等であった。しかし外なる人間としては、自分に与えられた受難と死が過ぎ去ってほしいと願った（ルカ12・50「わたしには受けねばならない洗礼がある。それが終わるまで、わたしはどんなに苦しむことだろう。」：ヨハネ12・27「今、わたしは心騒ぐ。何と言おうか。『父よ、わたしをこの時から救ってください』と言おうか。しかし、わたしはまさにこの時のために来たのだ。」）。被造物の意志は、〔その意志を代表する〕人類によってはじめて、しかも全人類のために克服されなければならないからである。ここでイエスは、神の似姿として創造されてきた一切を支配する人間ではあるが、〔父なる神に〕すべてをゆだねまかせ、へりくだる正しい秩序ある態度をとりたもうた。ここで、イエスは従来〔の人間存在〕とはまったく異質のありかたである内的な従順を学んだのであり、同時に悪魔に打ち勝って、人類のためにイエスは御霊を、さらにこれまでよりも親しく人類と結び合せるようにご自身のもとに獲得してくださった。神は〔イエスが自らよりもむしろ人類のために意をそそがれても〕それでも御霊を、尺度にしたがってではなく、むしろ尺度を撤廃して〔無際限に〕、イエスの聖なる魂と一つに結びあわせたもうた。

3　イエスが歩まれた道程の第三の状態は、その受難と死であった。その受難と死によって、彼はユダ族の系譜から出た獅子となった。彼は被造のものの性格である自我的な意志を滅ぼし、死からその力を奪いたもうので、その結果神の働きは人類にあって、もはや何らの妨げを見出すことがなくなった。だから、その復活に際して、弟子たちに向かって、アダムが喪失していた生命の息吹を再び直ちに吹きかけたもうた〔ヨハネ20・22〕し、人類をまたもやその聖霊の親しい内住を受けるに値するものとなしたもうた。彼がその時から真理の霊として永遠に人類とともにいてくださるようにされた〔ヨハネ16・13〕。

4　第四の状態は、その復活から昇天へ、そして神の右に座するに至るまでであった。この状態で、イエスは、〔早くも〕彼が世界創造以前に神ご自身のうちにあった永遠の光輝へと変容されていたのだが、〔その変容以前には〕彼がその光輝ある状態から罪ある肉の形となって人間となり、人間としてそのれを空しくしたもうたからである。このような状態で、彼は全体が複数の眼そのものとなった鷹のごとく、上方に向かって舞い飛び、彼の支配になる人類もろともに、変容して神の威光そのものとなった。今や、主にして生命を与える霊、すべてのうちにすべてを満たしたもう充満となりたもう。このことは、イエスのもろもろの状態のなかで最も判明な事柄といってよい。(『全集II 第5巻』15頁−17頁)

肝心なことは、わたしたちの内に宿るソフィア(知恵)の奥義、わたしたちの内なるキリスト、栄光の希望である。イエスは、栄光に輝かれた、いのちを与える霊であって、昼夜をおかず、わたしたちの思いのすべてにたずさわり、同時にわたしたちの思いのすべてに、安らぎを与えてくださらずにはいない。彼の賜うた豊かな宝物のなかで、わたしたちは毎日、新たなものを発見するように勤《いそ》しまずにいられない。彼は肉の形をとられたその日々に受苦されたことによって、〔神への〕従順を学ばれた。そして彼はわたしたち〔人間が受ける〕試練に対して〔わたしたちと同じく〕信仰と信頼によって打ち勝った。そして不可視の事物〔霊〕との天的な交わりによって、可視的な事物〔を問題とするやいな〕やそれに後続してくる自然的諸制限から、また人間のもつ〔やむを得ない〕闇の攻撃から、ご自身を守ったのであるから、わたしたちも常にイエスをわたしたちの両眼のうちにその姿を映し運ぶようにして、彼の救済と彼の贖《あがな》いの代価によって〔試練に打ち勝てることを〕感謝しなければならない。わたしたちは、またその際、同時に考えなければならないことは、わたしたちは、昇天され、変容された主イエスによって、すべてに打勝って余りあることが可能であるということである。のみならず、わたしたちの内に宿るイエスの威光や彼のドクサ（栄光）や、彼の天の身体が来臨するのを、エゼキエルのように本当に眺めることさえもできる〔エゼキエル書1章、10章参照〕のである。わたしたちは、日々殺される羽目にはなるが、すべての闇の勢力に対抗して闘いを貫き、わたしたちは〔終末的局面では〕義人の復活の初穂として迎えられたいと願ってはいるけれども、〔そうなる前にこの世において〕一切に打ち勝つ確固とした態度と言葉をそれだけますます保持しないわけにはいかない。このようなイエスに対する認識こそが、純粋な愛そのものである。この愛が高慢や名誉欲を生ずるなど思いもよらない。それはむしろ、主ひとりを、否、彼の深い悲しみを誇るようにわたしたちをさせてくれる。人は時に自分を欺き、得意に鼻をならすような大きな危険に陥ってしまうことがあるのは、まこと真実である。そんなとき、ひとは自分の眼をもっぱら、栄光にばかり向けてきたのである。受難の方には、向けなかったのだ〔と大いに反省させられる〕。とはいえ、ではなぜイエスはタボルの山で、弟子たちに〔天国の〕前味〔である変容の御姿で弟子たちに顕れ〕を与えなさったのか〔ルカ9・28―36〕、問いたい、それをわたしに答えてほしい。イエスは彼らが自分自身を憎むほどに、自分自身を唾棄《だき》するほどに、完全な決断をさせようとなさったのだ。それでも、パウロは、〔実際に〕傲慢になる危険があったから〔こそ〕、サタンの激しい拳骨撃ち〔Ⅱコリント12・7―8の「とげ」のこと〕[1]をもらった〔ではないか。最善への道は人間には困難で危険だ〕と言いたいなら、答えてこう言うのが役立とう。〔イエスにせよ、パウロにせよ、ほかの誰にせよ人の判断ではなく〕すべてが〔神の〕正しい秩序に置かれているからこそ、すなわちそこでは、意図が純粋に神とイエス・キリストに向けられているからこそ、最善となるのであると。人が試練や誘惑を免れるためなのだから、キリストの愛の広さ、長さ、深さ、そして高さの認識〔エフェソ3・18〕を、いいかげんに求めればよいというわけにはいかない、むしろ何事が起ころうとも、その認識がますます、さらに十全に（immer völliger）なっていかなければならない。こうして、暗黒の信仰の道は、〔街路の知恵としての〕光の道よりも、より気高く、またより高次のものであるにも関わらず、だからと言って後者の〔街路の知恵の〕道が無視されてよいわけではなく、それはわたしたちのうちでパウロの場合と同じで、とにかく先だってゆくに違いないのである。パウロは、二通のコリントの信徒たちへの手紙を書いた時代には、純粋な〔神の〕愛に包まれ、イエスの信仰と認識の中にあって彼独特の天の喜びの体験の後で十四年間〔霊的に〕歩む生活を続けたが、それは楽園《パラダイス》のためではなかった。その歩みは、まさしく〔世の真只中に〕福音《エヴァンゲリオン》を伝えて、みずからもそれに与りたいがためなのであった。しかし認識に向かう途上では、まだ経験が浅く未熟な人がいて、その人は、不審の念よりでてくる迷いへ時ならず巻き込まれる危険がある。そういう危険は「ただ危険にすぎない」というが、実際にどういう危険であるか。そういう人は若干の事柄を明瞭かつ確実であるとみなしてしまうのだが、その事柄を彼はけっして神的直観によって確実であるとみなすのではなく、単に理性によってのみ、そして推論によってのみ確実であるとみなすわけである。比喩的認識もしくは象徴的認識が、この直観認識に欠けているなら、認識それ自身の規則に違反するのであって、〔若干どころか〕無数の場合において欠陥あるものとなる〔そのような甚だしい危険に陥るのである〕。パウロはしかし、イエスを使徒的に認識することによってこの危険を念入りに避ける術を知っている。だが、そんなことは、使徒たちだけのプレロガティーフ（特権）だったのだ、などと思わないでほしい。そういうのなら〔使徒ではない〕ヤーコブ・ベーメ〔Jakob Böhme, 1575-1624 神秘主義者〕を聖書に基づきその他の著作者たちともども党派心の偏見を持たずに吟味して読んでみてください。そうすれば、〔ベーメのように〕照明をうけた知性の複眼は、召命〔天職〕を受けたわたしたちの希望が〔どれほどの大いなるものであるか〕を認識すること、そしてキリストの身体が完全な統一体でありかつ共同体であることを認識し、それぞれがキリストの四肢に属していると認識されるように示されるであろう。いったいパウロもこれを願っていたのであり、神もまたすべての人々に、その意志の尺度に従い、慰めと勇気の尺度に従い、そして信仰の尺度に従って、これを与えようとされている。（「全集Ⅱ 第1巻」289－291頁）

（1）（訳注）（Ⅱコリント12・7－8）「また、〔わたしパウロに〕あの啓示された事があまりにも素晴らしいからです。それでそのために思い上がることのないようにと、わたしにひとつのとげが与えられました。それは、思い上がらないように、わたしを痛めつけるために、サタンから送られた使いです。この使いについて、離れ去らせてくださるように、わたしは三度主に願いました。」（新共同訳）

ああイエス・キリストは、世に来臨され、世に対して何をなしてくださったか！　彼を通して恵みと真理が生じた。今、イエスは自立する真理であり、わたしの最高の基本思想である。彼のもとでわたしは始め、今や、わたしの拠って立つ根底を発見した。彼はわたしの知恵であり、わたしの基礎学である。わたしの世界学、霊魂学および神学は彼から流れる。彼はわたしの光であり、義であり、わたしの主にして救い主である。わたしのアルファでありオメガである。わたしの一であり、すべてである。たとえわたしが、世のすべての人の嘲笑の的となろうとも――彼によって、わたしははじめて意味をもち、世界の根源と原像に近づく理性をもつ。今わたしは単に思索しているだけではない、信じてもいる。それだからわたしはあるのみならず、生きてもいる。しかしわたしがではなく、キリストがわたしのうちに生きている。わたしの感覚は、以前には空しかったが、今では神へと向かうものとなった。ある新たな確かな霊が、わたしの中にある。誤謬をもてあそぶことはやめよう！　わたしの真理の根底とわたしは同形となろう。わたしの体系《ジュステーム》が完全であるだけではない、全く新しい人間が創造主の力によってすでに造られている。その人間の内へと霊の衣を着せることがわたしにゆだねられている。概念と事態そのものが、内なる義と外なる義が、内と外との聖性が、――要するに、真理は存在する、その規則は神ご自身である。着せられてゆくままであり、古い人間は脱がされてゆく！

偽りは捨てよ！　わたしとわたしの隣人たちの間では、真理を！　というのも、わたしたちは共に肢体であるから。日の光が耐えないような怒りを捨てよ！（エフェソ4・26）。[2] 第7戒〔汝、姦淫するなかれ〕を〔神の御名のもとにおいてではなく、〕自らの名で挙げ〔て利用しようとす〕るならば、それを自分自身に恥じなければならない、そのような不実を捨てよ！（「全集I 第5巻」105頁）

キリストは肉の中に啓示〔顕現〕された真実の生命である。彼が根もとであり、それだけで恵まれた種《ザーメ》である。彼は人間となり生まれたまい、肉と血の形をとりたもうたが、彼ご自身の復活によってこれら〔肉と血の人間〕を栄光の生命へと高めたもうた。彼は彼の〔人間としての〕誕生により、わたしたちの弱さを身に引き受けて、その死と復活によってわたしたちの弱さを変貌させてくださった。人間になりたもうことによって、死に至るまで従順であった。しかし、その復活の力によって、死を勝利のうちへ呑み込み、その〔神の右座への〕高挙によってわたしたちのためにその霊を贈ろうとしてくださる。その霊の力により彼の弟子たちはその死に合わせられ、彼とともに植えられ、また彼の復活に合わせられる相似性をも得ることになった。この約束の霊こそが、弟子たちの種であり、根であり、母であり、すべての善き所有の源泉であった。この霊によって彼らは最内奥の〔霊的共通〕感覚を持ち、この霊を通

（2）（訳注）（エフェソ4・26）「怒ることがあっても、罪を犯してはなりません。日が暮れるまで怒ったままでいてはいけません。」（新共同訳）

して、彼らは他者たちに向かって霊と力の証明をなした。(『生の理念から導かれた神学』408頁)

ああ、わたしたちのそばをただ通り過ぎてしまわないでください! あなたが朝早くわたしたちに挨拶をしようとなさらないなら、わたしたちは新たにその日全部を約束によって生きることがどうしてできましょうか?

あなたのみ言葉をなおざりにするなら、贈られた恵みを捨ててしまうなら、どんなに大きなわざわいが、魂に、霊に、骨髄と四肢に襲うかを、人は考えてもみないのです。

ああ、妙なる慈愛よ、あなたの十字架と死の内に、わたしをもっと深く挽《ひ》いてゆき給わんことを! わたしを腐敗の中から引き上げてくださらんことを! あなたのほかには、何も助けにはならず、誰もわたしを救ってはくれません。

ああ、わたしを貧しく、盲目に、そして裸にしてください。わたしが何を言い張ろうと、わたしはまだそれに達してはいないのです。あなたがわたしをすべてのものから解き放ってくださるならば、名誉はあなたのものとして持続し、その業《わざ》もあなたのものです。

どんな事がらに遭遇しても今はあなたがわたしに教えてくださるように、あなたを待ちます。わたしがあなたの御前にもってゆく甲斐がないようなすべて古いものは取り去ってください。

だれも、どんなにそのひとがその内面を掘り下げようと、どんなに高くすべてを通って飛翔しようと、やはりあなたの御心をつかまえることはないでしょう。どんなときにも、どうぞわたしを導いてください！

それにしても、世界はあなたの霊の面影《おもかげ》を見つけようとして、何と愚かに労苦していることでしょうか。その面影にあなたの力を結びつけようとしますが、やはり困窮と死に耐えることができないのです！

赦し給え、主よ、わたしがどんなにあなたから、遠のいてしまっていることか、あなたの律法を学びはしたものの、おのれの様式やおのれのための軛《くびき》によって学んだからなのです！[3]

（『霊的な歌』、67頁）

（3）（訳注）（マタイ11・29―30）「わたしは柔和な謙遜な者だから、わたしの軛を負い、わたしに学びなさい。そうすればあなたがたは安らぎを得られる。わたしの軛は負いやすく、わたしの荷は軽いからである。」（新共同訳）

5　キリストとその癒し

　あの御方は大宇宙を、太陽を、月と星辰をどのように眺めたもうたのでしょうか。ご自身についての最初の反省をどこでいつ成し始められたのでしょうか。あの御方にとっても、星辰の間の計り知れない空間を眺める場合は、わたしたちと同じように驚かれたのでしょうか。それとも、直ちに宇宙を超えてわき目をふらず本当の父へ近づこうとする衝動から子としての憧れに満たされたのでしょうか。〔そう問われたので〕わたしは答えて言った、あの御方は星辰のすべてに〔驚嘆する〕よりも、ご自身の神の出自《しゅつじ》を自覚して感じられた。ご自身の誕生の際に起こったことを両親から聞かされておられたから、時期尚早にアダムのような被造物に多く関心をもつことよりも、むしろご自身の天の御父との親和に何よりも心を引かれたのだったと（ルカ2・49）。[1]（『新しく説かれた福音の説教』133―134頁）

　この世においてイエスに対して、またイエスと共にあるあの方の集いに関することに対して、注目させてもらえることほどわたしに気に入るものは他にない。わたしを喜ばせてくれるものはその他に何もない。たとえわたしの子供たちが伯爵、王侯、また、世にも幸福な者たちであったにせよ、救い主がかの世界で小さな群れに与えようとされる大きな栄誉〔ルカ12・32 小さな群れよ、恐れるな。あなたがたの父は喜んで神の国をくださる。〕を、彼らが何にもまして選んでくれるのをみるなら、これほどわたしに甚だ気に入ることはないであろう。この世の結婚式、食事、幸せがわたしを喜ばすことはない。イエス・キリストとその御言葉に関わる美しいこと、理性的なこと、賢明なこと、高いこと、謙虚なこと、世にあってその交わりの気さくなこと、そしてその後決して朽ちないものが知覚されること、そういうことがユダヤ人であっても、トルコ人であっても、また異邦人であっても、また不出来《ふでき》なキリスト者であっても、それぞれが見ることができたなら、何にもましてその人たちを喜ばせるに違いなかろう。しかし、それが人々の目には隠されている。世にあったイエスが奇跡を行わなかったとしても、彼の気さくな心、その甘美な語り方、その即答する思慮深い言葉、偽りのない完全な誠実さに基づくその表情や振る舞いを正しく眼にとらえるならば、どんな人も、イエスを逮捕するはずであったあの兵士のように言うにちがいなかろう。「今まであの人のように話したひとはいません。」（ヨハネ7・46）と。これは、どんな人ももたない表しがたい高ぶりのなさであり、気配りのよさであり、丁重さであり、知恵、誠実と人間愛の模範なのであ

（1）（訳注）（ルカ2・49）「すると、イエスは言われた。『どうしてわたしを捜したのですか。わたしが自分の父の家にいるのは当たり前だということを、知らなかったのですか。』（新共同訳）

る。これを正しく考察し、見つめる人は、愛さずにはいられないであろう。
（『新しく説かれた福音の説教』278―280頁）

「あなたがたは、わたしがヤハウェ、万軍の主であることを知るであろう。あなたがたにも彼らにも同じように近くにある。」〔アモス書5・14参照〕このようにアルファにしてオメガである方そのものが語りたもう。

わたしは、怒りと恵みがどのように起こるか気づいている。わたしが始めるすべてのことは、実に、あの方の支配を通して進んでゆくだけである。サタンも彼のできるかぎりのことを試みている。ところで今や、死を賭けて仲保者となるように祈らねばならない。その貴重な贖《あがな》いの業《わざ》は、ただ困窮の内でのみ感じられる。心よ、あなたたちを捕らえる網から逃れよ！

さあ、切願しようではないか、そして待とうではないか、たとえあの方が墓穴のうちに埋められていようとも。そして熱風が焦がそうと、寒風に凍えようと、彼が新しい歌の数々を与えてくださるまで、信実を尽くして留まり待とうではないか。

その時にはわたしはその御名の華麗さを歌おう。そして心から力強く数々の歌をささげよう。イエスよ、あなたがそれに合わせて語ってくださいますように！（『新しく説かれた福音の説教』46頁）

6　キリストの王国

別の言い方では神の王国と言われる。神を信ずる者たちは、この国を継ぐことになる（ヤコブ2・5、Iコリント6・9）。[1] 福音は、王国の福音と呼ばれる（マタイ24・14）、[2] またパウロは神の王国を説いた（使徒28・31）。[3] この王国は神を信ずる者たちに対する大いなる約束である。なぜかといえば、この王国

（1）（訳注）（ヤコブ2・5）「わたしの愛する兄弟たち、よく聞きなさい。神は世の貧しい人たちをあえて選んで、信仰に富ませ、御自身を愛する者に約束された国を、受け継ぐ者となさったではありませんか。」（新共同訳）（訳注）（Iコリント6・9─10）「正しくない者が神の国を受け継げないことを、知らないのですか。思い違いをしてはいけない。みだらな者、偶像を礼拝する者、姦通する者、男娼、男色《なんしょく》をする者、泥棒、強欲な者、酒におぼれる者、人を悪く言う者、人の物を奪う者は、決して神の国を受け継ぐことができません。」（新共同訳）

（2）（訳注）（マタイ24・14）「そして、御国のこの福音はあらゆる民への証として、全世界に宣《の》べ伝えられる。それから、終わりが来る。」（新共同訳）

（3）（訳注）（使徒28・31）「全く自由に何の妨げもなく、神の国を宣べ伝え、主イエス・キリストについて教え続

の外では、神が栄光を受ける方とされることがありえないからである。山上の説教では、イエスはすでに「柔和な者たちが、地の国を受け継ぐであろう」（マタイ5・5、3・2「悔い改めよ。天の国は近づいた」）と言いたもう。この根本概念はダニエル書2章および7章に由来するに違いない。王国が関わるのは国土と人々である。国民《ナチオーネン》たちは、このような柔和な人たちであって、何千年にわたりまた将来も、神の都の内に住むであろう。この〔根本〕概念を外しては、すなわち、人が神の世継ぎとなり、アブラハムとともに世界の世継ぎとならないのであれば、人々は何ら確かな〔生きる〕意味を造りだすことができない。だからこの根本の〔歴史の〕動力因を神の光に照らされて心得ていないのであれば、その人は、それぞれの時代がもつ特殊な諸々の誘惑に打ち勝てないであろう。（『聖書とエムブレムの辞書』374頁）

イエス・キリストの王国が使徒らの教えの中心である。というのも、イエスは復活後の40日間に、その弟子らと以前よりもはるかに詳細に神の国について語られたからである。パウロがその〔キリストの福音の〕教え全体を告知した時、その時、彼は神の王国を証言したのであった（使徒19・8[4]、20・25、28・31）。したがって神の王国こそすべての教えの中心である。だから、神について、人間について、罪について、恩恵について、聖徒らの共同体について個別的に教えるすべてにしても、終末時の神の国の教え、さらに復活後の神の都における神の王国の教えを欠くならば、人間の心を揺り動かすことはない。（「全集I 第1巻」501頁）

わたしたちのこの世の日々の生業《なりわい》が妨げとなって、神の王国のすばらしさを、すでに御言葉の中では洞察していながら、それにも関わらず、やはりそれを得ようと格闘することなく、せいぜいそれへ向かう心づもりがあるというだけで満足してしまう。このようなことは神に責任があるのではない。わたしたちが心を揺り動かされることなく、その怠惰をよく反省することもなく、日々の生業のためにという口実を設けるところに罪がある。だから自分たちのものぐさぶりを憎んで、自分自身を告発し、イエスの王国のために有益となることすべてを耐え忍び担ってゆく決意をする力をわたしたちに与えたまえと神に祈ろうではないか。(「全集I 第1巻」504頁)

それでは神の国とは何であるのか。それは、御父よりその御子イエス・キリストにゆだねられた天地の支配のことであり、その支配は彼が当然もつべきものである。そのわけは、彼が人間性の受難のうちに身をゆだね、父の偉大な意図を実現するのに必要であったすべてのことを耐え抜いたからであ

けた。」(新共同訳)

(4)(訳注)(使徒19・8)「パウロは会堂に入って、三か月間、神の国のことについて大胆に論じ人々を説得しようとした。」(新共同訳)

る。昇天後彼は直ちにこの支配にあたって、詩編や預言者が書き記したすべてのこと、すなわち、神がイエスをシオンの山にて王に据えること（詩編2編および89編）、イエスがすべての場所で王になるように地の創造が起こること（詩編24編および93編）、彼が地にて王にふさわしい入場を果たすであろうこと（詩編47編および97編）、この世のすべての王国は没落し、彼に場を明け渡すこと（詩編8編、詩編46編および72編）エルサレムがこの地上ではその宮殿となり、またシオンの山がご自分の住まいとなること（詩編48編）、地の終末時には最高の正義と公平をもってすべてをかの御方が統治したまい、敵どもを追放して、神がすべてのすべてとなりたもうまで、最大の荘厳な祭り（Solennitäten）が催される（詩編97編、使徒3・21、[5] Iコリント15章）。これらすべてを人類の為になされるが、彼は、聖霊の力によってそれを為されるのであり、聖霊の七重の力のすべてを身にまとい、その王国の仕事のすべてを成就するために用いたまうであろう。

見よ、だからキリストの王国では御父、御子、そして聖霊が、働き支配したもう。それでキリストの王国の説教は、世のはかない楽しみを求めることはやめて、イエスに完全に信頼して身をゆだねるようにと人間たちに説くのであって、そうすれば、イエスがその聖霊によって彼らを自分たちもこの王国の協働者であると見なせるように、神の国での市民権を得てその享受を喜んで待つように導きたまう。その間には信仰によりこの王国の助けをかりて、世と悪魔に対して闘うことができるようになるし、将来相続を受ける資格ある神の国の担保として聖霊によって［その身に］印《しるし》を押されるようになる。

見よ、あなた方愛する人たちよ、これが神の国の説教であり、これが最内奥に浸透してゆくと、心の空しさを満たすのはこれのみとなる。この〔神による王国的支配の〕説教が、外から説かれることにより、生来のままの人間とは全く別な人間を形成しながらそれを溶かしこみ、水と霊の内的な力によって、その人を全く新たに神の国へと生み出す。そうすると彼は神の王国の栄光を自己のうちに内的に被われるようにもつことになる。彼は霊から生まれたからである。（『全集I 第2巻』300―301頁）

この世のもろもろの国が存続するかぎり、キリストの〔王的支配の〕国は覆いをかけられ、隠されており、そして見栄《みばえ》のないものであることを、知りなさい。しかし、この世の王国が崩壊し、キリストの国が突如として現れるときには、彼に信頼したすべての人たち、わけても牧者また教師であった人たちは、栄光へと引き上げられてみ国を永遠に享受するであろう。あなたがたがイエスのみ国の協働者としてかの世を得るほどに幸福になる場合には、あなたがたは言葉につくせないほど栄光をうけた歓喜によって喜ぶであろう。わたしたちすべての者をかなたへと救い出そうとされる、御父、御子そ

（5）（訳注）（使徒3・21）「このイエスは、神が聖なる預言者たちの口を通して昔から語られた、万物が新しくなるその時まで、必ず天にとどまることになっています。」（新共同訳）

して聖霊よ、永遠に誉め讃えられんことを！（「全集Ⅰ第2巻」308頁）

おお、神よ、あなたは荒れ狂う海を治めたまう。しかしまた、激情にかられた人間たちをも、すべての肉を制する力を与えたまうたイエス・キリストによって治めたまう。あなたの支配から誰も逃れうる人はいません。しかし、あなたが喜んで支配なさる人たちは、信仰によって御父、御子、および聖霊がその心に働くまま自由に支配させる人々であり、神またイエス・キリストのみ国の継承について確信をもつ人々です。アーメン。（「全集Ⅰ第2巻」301頁）

あなたのみ国が来ますように！〔マタイ6・10〕ああ何という喜びでありましょうか、あなたのこの御言葉と証しによって、〔神の〕創造のすべてのものが、どこへ向かって行くのか、そしてこの世のすべてのものの終局が何であるのか、あらかじめ見通せるということは！　というのは、わたしがここから学ぶのは、主よ、あなたが王であり、この世の事態を、それが放っておかれ、サタンや悪人どもの欲するままにされるわけではなく、あなたご自身が治めたもうこと、あなたがそれを証ししておられるからです。

だからこそあなたは〔霊的にして崇高な〕統治権《ホーハイト》にふさわしい王の衣装を身にまとっておられるのです。それによりあなたはそれまでは内的にまた目に見えなかったあなたの統治を、外的にも明らかにしておられます。

あなたこそ永遠の存在です、あなたの玉座は揺るぐことがありません。将来もまたそのように永遠にとどまりたもうのです。アーメン。〔原典に記載なし〕

7　罪について

神は完全にして善である、その力が止むことがないからである。しかし創られたものの力は、罪によって解体してしまい、そのため神の全体的秩序の下にある善性と真理の中に存続できない。罪とは内なるものであって、誤った判断の中に〔潜んで〕いる。それは魂の諸力を誤用する試みであり、場所の変化に関わりなく生起するから〔逃がれることができず〕、ついには身体と魂とが大きな損傷を受ける。罪の初めは甘美に軽やかに開始されるが、もとに戻すことは難しい。罪とは霊的なことだからである。
（『エーティンガーの生涯と手紙』145頁）

罪とは神の栄光を欠くことである。キリストにある恵みと救い《ハイル》〔癒し〕が〔神の〕栄光であり（Ⅱテモテ2・10）、その栄光は、十字架の血が流されて、またキリストの行いのご功績が成し遂げられたことによって、再び流れ出すことになり、その栄光によって、魂がいつかは知らず〔罪の汚れから花嫁衣装に〕着せ替えを受けるようにされるのであり、それゆえに栄光《ドクサ》（エフェソ1章）は恵み《グナーデ》の賜物なので

ある。(『生の理念に導かれた神学』290頁)

人間の犯す過ちはすべて悪しき心に由来するとはいえ、その過ちは、人間の携《たずさ》わる職業内での生活の思い煩いにより罪になるまで惑わされる。多くの人々が貧窮に惑わされて、悪事をなし、商売や日々の営みでそれを仲間同士が引き継ぐことがないならば、多くの罪は犯すこともなかったであろう。このことからわたしの学ぶのは、欠乏により、生活の煩いにより、世との交わりから引き起こされる過失ないし罪は、徴税人がその職業からその税の取り立てをするのと同様、その罪をそれほど高く見積もることはできないであろうことである、それよりも問題なのは、幻想をいだくことから出る、思い上がりから、悪しき情欲から、無知から、こらえ性のなさから、神を信じることのない懐疑から犯される過失である。徴税人は税をとるという職業によって幾ばくかの罪を犯すきっかけをもらったが、ファリサイ派の人たちには、そういうきっかけは持たなかった〔ルカ18・9―14〕。ファリサイ派の人たちの過失は自由意志から発したのであり、徴税人のそれは欠乏からであった。それでも彼は自分の胸を打ち叩いた。彼はひそかにそのことで嘆いていたのだ。これに対してファリサイ派の人たちは、その自惚《うぬぼ》れた徳に埋没して尊大となった。それは、自分の職業に由来するというよりも、むしろ自分の内心を吟味しない内的な怠惰に由来する。

自分の内心を吟味し、思い上がった内なる独善的信条に対して抵抗することほど人間にとって困難なことがあろうか。その点で、このファリサイ派の人たちは、現代の大部分の宗教的指導者と同じ病にかかって臥せっていた。だからイエス・キリストは、子供の単純さを忘れないようにと何度も自分の弟子たちに言って聞かせた。(「全集I第3巻」348頁)

罪とは何であるかは、律法よりもイエスの受難と死からいっそうよく学べる。罪の内奥にあるのは、恩を知らないこと、勝手な先走り、うぬぼれ、自分を頼みとすることである。わたしたちは他者の罪とも、自分たちの罪とも密に関わりあってしまってどうにもならないが、それを正直に憎み、告白するならば、イエスはそれらの罪からわたしたちを清めたまう。

パウロが「ローマの信徒への手紙」で語っていることではあるが、「罪とは、神の栄光を欠いていることだ」〔同3・23〕ということを、わたしたちは実際聴きもするし、経験せざるをえない。しかしそんな経験をしても、傷ついた良心にとっては、慰めや力は大してでてこない。パウロは重ねて言う「すべての人が、罪に支配され、その人たちの唇には、まむしの毒がある」〔同3・9—12〕と。しかし〔わたしたちは心を翻して〕イエスのもとへ行こうではないか、そしてどのように神がわたしたちの罪を彼の上へ投げかけなさったか、を見ようではないか、そして和解《フェルズーヌング》〔宥め〕がどのようになされたか、イエスの恵みによって罪の赦しがいかに臨んだのか、を学ぼうではないか。あなたの罪があの御方の上に置かれているのを、あなたについて処分されているのを、あなたは必ず見ることになる。そのとき「あなたがたは、イエスのみ名とわたしたちの神の霊によって、洗われ、清められ、義とされています。」〔Iコリント6・11〕[1]という御言葉をあなたは学んだことになる。（『聖書とエムブレムの辞書』583頁）

しかしながらあの蛇は、いかに悪賢いことか。あらためてわたしを欺こうというのだ！　彼女は〔訳注ドイツ語の「蛇」は女性名詞なので彼女という〕言う「今は力で抑えつけるのは終わったのよ。恩恵だけが勝利しなければならないのよ。そんなに律法にこだわらなくてよいことになったのよ」と。こうしてあらゆる罪が見かけよく飾られることになってしまう。人が恩恵や自由を学べば、罪はたちまち変質をとげで、律法なんぞ、もはや何の価値もなくなり、純粋な教えの基準でもなくなるというのだ。

欺かれた人々よ、よくよく考えてみたまえ。神の声に聴き従うことをやめてよいのか。君たちは義にあって生きる責務をなさないでよくなったというのか。君たちのなす奉仕は実りに向かう聖性をもち、神がキリストにあって君たちに求めたまうものだ。君たちが自由に進んでその奉仕を果たす者でなければ、罪と死とだけを主人として得ることとなる。そうならざるをえない、その主人は罪を犯して裁きに至るほかなにもなしえないから。

（1）（訳注）（Iコリント6・11）「あなたがたの中にはそのような者もいました。しかし、主イエス・キリストの名とわたしたちの神の霊によって洗われ、聖なる者とされ、義とされています。」（新共同訳）

さあ、それならわたしはパウロの言葉に従おう。「わたしは罪に仕える奴隷になって、呪いのほか何の報いも得なかった〔ローマ6・20―21〕が、義にあって主に仕える使用人〔マタイ24・45〕[(2)]としての奉仕は、わたしのために永遠の喜びに至る純粋な実りを結んでいる〔ローマ6・22〕[(3)]。」わたしは、霊の誉れに向かって自分を統御してゆきたい。一方この蛇が、律法の誉れによってわたしを欺き、わたしにとって嘆かわしい道に向かわせる時には、死のさまざまな報いを思い起こすことにしよう。

（『霊的な歌』11頁）

ああ主よ、罪の赦しによって、あなたが人間の心を軽やかにしたまうのは何という偉大な王にふさわしい恩恵でありましょうか。しかし、この恩恵が認識され、讃えられることは何と少ないことでしょう！　あなたは罪の赦しをまるで水のあるのがあたりまえのようにしてなしたもう。しかし、だからこそ、人はこれを尊重しないのです。そして人はついに病をえて、死に瀕《ひん》するようになります。この恩恵を、わたしたちが病気になる前に、ただしく信じ、理解するようにさせてください。アーメン。

（2）（訳注）（マタイ24・45）「主人がその家の使用人たちの上に立てて、時間どおり彼らに食事を与えさせることにした忠実で賢い僕は、いったいだれであろうか。」（新共同訳）

（3）（訳注）（ローマ6・22）「あなたがたは、今は罪から解放されて神の奴隷となり、聖なる生活の実を結んでいます。行き着くところは、永遠の命です。」（新共同訳）

8　律法と福音

福音は、神の御国《ライヒ》を告げ知らせることである（使徒8・12；19・8；20・25；28・23、31）。王国には、3つの主要な事態《ザッヘ》を分けることができる。1．王の名もしくは王の尊厳、2．王の支配領域、および3．王の律法《ゲゼッツ》である。これらは主の祈りのはじめの三つの祈願で理解される〔マタイ6・9―10〕。[1] だから福音にあっては内容からみて神の律法の〔旧約から新約への〕連係は継続している。〔旧約以来の〕ユダヤ式な管理の仕方の面からみれば、その連係は〔新約に入って〕中断している。またキリストの御国は、この世のものではないが、それにもかかわらず、キリストの御国は、王国的支配のこの三事態に則って、この世の国とやはり一致しているといえようか。管理の仕方からいえば、モーセの国家治政《ハウスハルトゥング》は、世俗国家の特性を幾分かはもっているが、キリストの御国はそうではない。

（1）（訳注）（マタイ6・9―10）「だから、こう祈りなさい。『天におられるわたしたちの父よ、御名が崇められますように。御国が来ますように、天におけるように地の上にも。』（新共同訳）

キリストの御国とモーセの国家治政を相互に比較対照する人は、比較しない人よりもずっとよく罪の赦しの恩恵を理解する。前者は、マタイによる福音書第5章で、イエスが神の戒めを単にユダヤ人たちに対して上からの目線で下へと語っただけだとは言わないであろう。というのも、この第5章でのみ御旨は、二つのこと、すなわちモーセの律法とキリストの御国のそれの一致と差異(2)を教えることだからである。キリストの御国にあっては、モーセの国家治政におけるよりも、義および徳に対してははるかに高い目標が立てられており、したがって悪徳および罪に対して、はるかに厳しい罰が定められているが、〔逆に〕罪の赦しと恵みもまたこの世の国やモーセの治政のもとで考えられるすべてを、はるかに超えるものであって、その限りにおいて、この世の国やモーセの国家治政の手本 (die Vorbilder) になるように示されてはいない。だからこそ全く新たな契《ちぎ》りが、恵みという名で呼ばれている。

だから、神の国を宣伝《のべつた》える場合には、モーセの国家治政とキリストの御国の、その差異が一目で了解されるようにすることは、もちろんであるが、その調和もまた依然として成り立っていること、あるいはもっと適切な言い方をするなら、モーセの律法の主流的内実は、キリストにおける自由の王的法則《ゲゼッツ》のうちに建立されたのである、というように提示されなければならない。

モーセの律法は、キリストの御国の出来事の証しに用いられるものである。キリストの御国は、なるほどモーセの律法がなくとも、統治されることが可能だが、しかしモーセの律法なくしては十分には理解されないであろう。だから、神の国を宣伝《のべつた》えるにあたっては、使徒たちが語ったように、またイエスご自身も使徒たちの前でその教えという形で語ったように、その後では聖徒たちが啓示によって語ったように、モーセおよび預言者たちとの関わりのうちで語られなければならない。こう申し上げるのも、使徒たちが心をひとつにして仕えていた天の会堂の様式（Stilus curiae coelestis）よりも荘厳なものはないからである。たしかにそれは付け加えたり、取り除いたりすることをゆるさない〔黙示22・18―19参照〕。この点で、どれほど建徳的な外観を備えてはいても、その〔真の霊的〕資格を持たないのに、あまりに出過ぎたまねをする者は、かの審判の日に木、草、また藁《わら》〔Ⅰコリント3・12〕[3]で建てられて〔火の吟味を受ける〕と〔は何であるのか、その真意を〕知ることになろう。しかし、キリストの御国を説く際に、〔聴衆には〕自由の法則《ゲゼッツ》の認識が足りないからといって、旧約聖書的な〔ユダヤ式の管理〕

（2）（訳注）（一例としてマタイ5・21―22をあげる）「あなたがたも聞いているとおり、昔の人は『殺すな、人を殺した者は裁きを受ける』と命じられている。しかし、わたしは言っておく。兄弟に腹を立てる者はだれでも裁きを受ける。兄弟に『ばか』と言う者は、最高峰院に引き渡され、『愚か者』と言う者は、火の地獄に投げ込まれる。」（新共同訳）

（3）（訳注）（Ⅰコリント3・11―13）「イエス・キリストという既に据えられている土台を無視して、だれもほかの土台を据えることはできません。この土台の上に、だれかが金、銀、宝石、木、草、わらで家を建てる場合、おのおのの仕事は明るみに出されます。かの日にそれは明らかにされるのです。なぜなら、かの日が火と共に現れ、その火はおのおのの仕事がどんなものであるかを吟味するからです。」（新共同訳）

方法を導入する必要はない。

〔本来一である〕御名、御国、また神の法則の〔根本〕教義を分割したり、分離したりすること、そうすることで神の御名を持たないイエスや、キリストの御国をもたない王イエスや、あるいは、御国を欠く神秘や、また神およびキリストの神秘を欠く律法や義務などについて語ったりすれば、それは害毒や混乱をもたらす。しかし、パウロのように福音の自由を用いて、その時々の機会に応じて十字架に付けられた者についてより多く説いたり、また別の機会には栄光を受けたイエスについてより多く語ったりという〔強調点の違いという〕ことなら、それは許される。

イエスをその御国〔の本体〕や、御父の意志と一致させず分離する人は、肉的〔自己中心〕の党派心（Ⅰコリント3・3―4）[4]からそれを為すのである。そうでない場合は、彼はある種の自由〔意志〕から、導入的な方法を用いて時間をかけて降下しながら、再度そこから他者らを引き出して、福音の聖性へ向かわせるように引き上げてゆくのである。（『正しい審判』320―322頁）

心から愛される罪人たちの解放者よ、あなたは従僕〔に過ぎない者〕たちとあなたの未熟な子たちとの間にどんな差異があるのかを教えてくださるし、明らかにしてくださる。来てごらんなさい、兄弟たちよ、新しい歌を歌おうではないか！　永遠に賛めたたえられますように！　愛そのものであるあなたよ、あなたが一言だけでも発せられると、たちまちのうちに悲しみは喜びへと、乾いた地は水湧く泉へと変わり、闇は思いもよらず明るくなるのです。

あれこれとたくさんの手だてに悩んでいた律法的な考えも、このように予期せず出口を見つけ、歓声をあげて恵みを語ります。「ああ恵みよ、罪の束縛がどんなに絡みつくとも、あなたはわたしたちに正しい知恵を与えてくださる。あなたは、あれこれの罪ではなく、罪そのものを、救世主がそれを断固として捕まえて消滅させてくださる」と。

あなたが、示してくださったのは、人はあなたの死には強いて負い目を負わされることによって、罪に対して死なざるをえなくなることです。その死は、人みずからの本質を損なうような仕方での死ではありません。否、そんな死は無益な困窮にすぎないでしょう。律法が肉と契りを結べば、律法は手でものを握るのと同じほど以上にわたしたちを確かに本質的に支えるのです。それにもかかわらず、この本質が無とされても、若干本質にずれて狂うといった程度でありましょう。人が教義によって癒さ

(4)(訳注)(Ⅰコリント3・3―4)「相変わらず肉の人だからです。お互いの間にねたみや争いが絶えない以上、あなたがたは肉の人であり、ただの人として歩んでいる、ということになりはしませんか。ある人が『わたしはパウロにつく』と言い、他の人が『わたしはアポロに』などと言っているとすれば、あなたがたは、ただの人にすぎないではありませんか。」(新共同訳)

れることもこんなふうであるにちがいありません。

〔ところが〕罪に埋もれたガラクタ〔のような自分〕から〔回心して〕イエスへ向かうならば、イエスはわたしたちのために贖罪〔という解放の秘義を〕を打ち開いてくださるのです。教義が模範としての「いわば」下絵となり、それがただちに火口《ほくち》〔発火装置〕の作用をして、希望と共に信仰と愛を呼び覚まします。〔一方〕罪へと惑わすぬかるみは度重なる愛撫により、肉とバランスをとるように(zum Fleischesverglich)促し、火花を発するのは周知のことですが、そうなると、いつでも人はそういう〔肉とのバランスをとっている〕おのれを見ていたいと欲するのです。その瞬間、信仰はむしろ暗闇の中で歩き続けたいと欲しています。

これを叙述したいと欲する誰かがいるでしょうか。〔人間はなかなかできないでしょう。しかし〕もうすでに叙述されてはいます。霊のうちなる聖書の御言葉だけが挙げられましょう。人が救世主のうちに静かに心から深く留まっているならば、御言葉が、どのようになし、また、どこへゆけばよいのかをわたしたちに示してくれます。肉は何の益《やく》にも立ちません。肉はただ軽はずみに演ずるだけです。それは霊が変容する目的を避けるのです。霊は「父と一緒にのみ事を為せ」と語ります。そのときこそ人は、律法問題から全く自由となります。(『霊の歌』17頁)

9 あがない《エルルーズング》

あがない（贖い）とは、囚われになっている状態から身代金を支払うことによって人をキリストの交わりに入るように解放することである。あがないとは、とても奥深いものであり、人間のうちなる幾重もの腐敗が深いだけ、それだけそこからのあがないも深くなる。神の御霊は、事柄をその最も内的な根底から把握するのが困難なわたしたちの弱さをあらかじめ知っておられるから、この場合、神の御霊は象徴なり比喩なりを助けとして用いたまう。この辞書〔エーティンガーの著書『聖書とエムブレムの辞書』〕にもしばしば述べられているように、このあがない〔の概念〕はいつでも究極目的の諸概念へと通じることができる。例えば、神は創造の初めから、二つの対立を選び出された。すなわち、七つの霊の諸力が等しく落ち着いて安定している大空間《ラキア》(1)と、この空間を縮少してしまう神の強力な働

(1)（訳注）エーティンガーの原文では「大空間（den großen Raum）」には、ヘブライ語由来の Rakia〔rāqia〕が付されている。この語は創世記1・6「水の間に〈おおぞら〉があって」創世記1・8「〈おおぞら〉を天とな

きとの対立命題である。この〔強力な働き〕についてダビデは、「大空の広がりに賛美せよ、力強い御業〔大空の砦で（新共同訳）〕のゆえに神を賛美せよ！」（詩編150・1）と語る。そこでは裁き〔の力〕が愛の内へと移行する。これがすでに一種の救い〔あがない〕の根拠となっている。しかしイエスの死では、それがずっと理解しやすくなっている。しかし、この事実は、キリストにあって信じていてもまだ子供であり、未熟な人たちには何の益にも立たず、ただリュースブルク[2]のような教父たちにとってのみ有益であったにすぎない。だからこそ神の御霊は、ある場合は戦争の比喩、あるいは商売の比喩、あるいは労働の報酬の比喩、あるいは監獄や闇からの解放の比喩をむしろ〔未熟者のために〕数多く用いたもう〔がその根底にあるのは、イエスの贖いの死であることは言うまでもない〕。

ドイツ語のエルレーズング（Erlösung）という言葉は他の多くの聖書の言葉と同じく狭い意味と広い意味とをもつ。人はこの言葉によってくびきを負う行為者〔イザヤ書9・3〕の苦しい悶えから良心が解放されることを言う（エフェソ1・7）[3]場合の意味もあるが、しかし戦争での〔捕虜や〕、〔奴隷の〕身分の買い戻しや、新しい立場や勤めの獲得や自由な身への移動〔のための身代金〕などの多くの比喩的象徴的表現が一緒に合わさるならば、広い意味の言葉となる。キリストはわたしたちにとって、知恵、義、聖、そして完全な贖《あがな》いとなりたもうたので、多くの概念が集中する。キリストはわたしたちを将来の怒りと裁きから、律法から、空しい歩みから、死と悪魔からあがなってくださった。この場合はイエスが見つけた永遠のあがない〔は広大無辺〕である。（『聖書とエムブレムの辞書』176―177頁）

キリストの血！　何という偉大な言葉であろう。それはこの地上だけで十分学べるとは言えない。神殿や礼拝所〔臨在の幕屋《シュティフトヒュッテ》〕に〔それを学びに〕度々いくというなら心情と共に参ろうではないか（黙示録15章）。そこでこそキリストの血が何であるか、わたしたちにはじめて開示されるのであるから。水と血とは何であるか〔Iヨハネ5・6〕[4]その本質的内容はわたしたちの知るところではないが、御霊こそはわたしたちに必要とする限りのさまざまなことを産み《ツォイゲン》だして、証《ツォイゲン》したもう者である〔ドイツ語

づけ」や詩編19・1「〈大空〉は御手の業を示す」などに用いられているが、詩編150・1（2）では「御力の大空で神をほめたたえよ」（新改訳）「聖所で、大空の砦《とりで》で、力強い御業のゆえに（神を賛美せよ）」（新共同訳）と訳されている。因みにルター訳では、Lobet den Herrn in seinem Heiligthum/ Lobet ihn seiner Macht. Lobet ihn in seinen Thaten/Lobet ihn in seiner grossen Herrligkeit.（BIBLIA GERMANICA 1545）である。

（2）（原注）ヤン・ヴァン・リュースブルク（Jan van Ruusbroec, 1293-1381）は低地諸国の一つ南オランダの神秘家。その主著は『霊的な結婚の華』。

（3）（訳注）（エフェソ1・7）「わたしたちはこの御子において、その血によって贖われ、罪を赦されました。これは、神の豊かな恵みによるものです。」（新共同訳）

（4）（訳注）（1ヨハネ5・6）「この方は、水と血を通って来られた方、イエス・キリストです。水だけではなく、水と血とによって来られたのです。そして〝霊〟はこのことを証しする方です。〝霊〟は真理だからです。」（新

の zeugen は「産む」と「証する」「目撃する」の両義をもつ〕。血はイエスがエドムから来られた時、その御衣の上に注ぎかけられていたが（イザヤ書63章）[5]、それは御衣を明るく輝かせる力をもつ。血は生命の座であり、神の不滅の生命の座である。そこにすべての力が集まっている。それは変容させる力であり、それがすべてを新しくする。わたしたちが、血の注ぎのこの血のうちにあり、また霊による聖化を受けていることを〔キリストによって〕見て取られているのであれば、わたしたちは今もなお血の注ぎに向かって歩んでいる。このように〔歩んではいるがその場〕は神の都からはいささか離れている（ヘブライ12章）し、またイエスご自身からも離れているが〔徐々に近づいてもいる〕（〔ヘブライ12・23―24節〕）[6]。キリストの血はその屍《しかばね》からことごとく地上へと流れ下って、地を祝福したが、その血はそれで消尽したのでなく、なお保持されていたのだった。イエスはその血を携えて至聖所に入られた。これを解明することはわたしたちの理解力を超えていることである。わたしたちに言えることは、その血が変革する力をもつこと、すなわち、死に瀕するものを生命へと変革させ、罪を根絶する力を持つことである。罪とは〔身体や精神に関わる〕霊的なものであるが、それでも身体の血とともに霊によって消滅されなければならない。この〔秘儀〕は生命の主、イエスのみが知っている。わたしたちはわたしたちの罪の宥め《フェルゼーヌング》のためにキリストの血を正しく用いれば、それで十分事をなしたのである。

血には、人間の生命がある。だからこそイエスは、血がその内にあった彼の肉を世の生命のために与えたもうた（ヨハネ6・51）[7]。旧約では、イエスがその身体を捧げて血を流すことによって、ご自分の肉を食べものに、その血を飲みものにするまでは、誰も血を食することは許されなかった〔創世記9・4〕。今や、わたしたちは、時間の内にも永遠の内にもすべてを清める（黙示録7・14）[8]イエスの血によって、聖化された被造物の中にある聖なるもの、実り多くするもの、そして最も甘美にして、最強なるものとは何であるのか、を理解することができる。（『聖書とエンブレムの辞書』79頁）

共同訳）

（5）（訳注）（イザヤ書63・1参照）「エドムから来るのは誰か。ボツラから赤い衣をまとって来るのは。その装いは威光に輝き、勢い余って身を倒しているのは」（新共同訳）

（6）（訳注）（ヘブライ12・22—23）「しかし、あなたがたが近づいたのは、シオンの山、生ける神の都、天のエルサレム、無数の天使たちの祝いの集まり、天に登録されている長子たちの集会、すべての人の審判者である神、完全なものとされた正しい人たちの霊、新しい契約の仲介者イエス、そして、アベルの血よりも立派に語る注がれた血です。」（新共同訳）

（7）（訳注）（ヨハネ6・51）「わたしは、天から降ってきた生きたパンである。このパンを食べるならば、その人は永遠に生きる。わたしが与えるパンとは、世を生かすためのわたしの肉のことである。」（新共同訳）

（8）（訳注）（黙示録7・14）「そこで、わたしが、『わたしの主よ、それはあなたの方がご存じです。』と答えると、長老はまた、わたしに言った。『彼らは大きな苦難を通ってきた者で、その衣を子羊の血で洗って白くしたのである。』」（新共同訳）

イエスの血は脇腹の刺し傷からすべて流れ出てしまったのであるから、「すべて注ぎだす」（ausgießen）という一語が特別に強調されている〔ヨハネ19・34―35〕。(9) これは実に何と偉大な事柄であるか！　その場でこそ人はなぜ彼の死後に彼の聖なる身体から血と水が流れ出ていっても、死人たちの場合〔に通常〕のようにすぐに両者が凝固しなかったのか、をはじめて認識するであろう。霊がまだ水と血のなかにあったのだ。霊は神へ向かって行った。水と血もそのあるべき場所へ向かって行った。こうして今や霊は再びイエスの水と血と一つとなり、もはやそこから分離されることはない。だから注ぎの血は自然の内なるすべての清らかさに勝って〔エデンの園の〕生命の木に勝って、生命を与える、目には見えない、また、聖なる実体《ヴェーゼン》となる。だからわたしたちは一切の感覚性《エムプヒンドゥング》に打ち勝ってイエス・キリストの聖なる認識によってキリストの血に浴することになろう。それは呪い〔ないしルサンチマン〕とは何の関係もない純粋なものをめぐって生ずる偉大なものである。しかしこの注がれた血は、至聖なるものであり、それがすべてのものに聖化を与える。このことについては、認識したり味わったりするまだ多くの事柄が残されている。今は身を深くかがめて、永遠の生命の言葉としての使徒たちの言葉に寄りすがろうとおもう。数世紀にわたって教父たちによってこのことは書かれてきたが、わたしたちに益があるのは、わたしたち自身での神との交わりのなかで気づかれているものだけである。〔義人たちの〕流された血はすべて、イエスを軽んじる者たちの頭上にふりかかってくるだろう（マタイ23・35）。[10] しかし、イエスの流された血は神を信ずる者たちにとっては、至高のものなのである（マタイ26・28、[11] マルコ14・24）。[12]（『聖書とエムブレムの辞書』51―52頁）

イエスの脇腹から流れた血は、イエスによって至聖所に携えられていかれ、天においてすべての人々のたましいに栄光を与える特別の道具《ヴェルクツォイグ》となっている。十字架のイエスの血はすでに万物を和解させた

（9）（訳注）（ヨハネ19・34―35）「しかし、兵士の一人が槍でイエスの脇腹を刺した。すると、すぐ血と水とが流れ出た。それを目撃した者が証ししており、その証しは真実である。その者はあなたがたにも信じさせるために、自分が真実を語っていることを知っている。」（新共同訳）。因みにルターは「注ぎ出す」と同義の自動詞 herausging（〔血と水が〕すべて注ぎ出た）を用いている。

（10）（訳注）（マタイ23・35）「こうして、正しい人アベルの血から、あなたたちが聖所と祭壇の間で殺したバラキアの子ゼカルヤの血に至るまで、地上に流された正しい人の血はすべてあなたたちにふりかかってくる」（新共同訳）

（11）（訳注）（マタイ26・28）「『これは、罪が赦されるように、多くの人のために流されるわたしの血、契約の血である。』」（新共同訳）

（12）（訳注）（マルコ14・24）「そしてイエスは言われた。『これは、多くの人のために流されるわたしの血、契約の血である。』」

が、天のその血はわたしたちを聖なるものとなし、わたしたちの衣を仔羊の血(13)で明るく輝かせる。天のイエスの血は、魂の者たちにとって、地上のすべての人々のうちにある〔錬金術の〕チンクトゥールや変形力であるものなのだ。誰ひとりとしてこれを完全には理解できないが、この血は人間イエスのからだの中にはもはやないが、イエスの生命の道具としてすべての場所《ところ》にある。ヘブライ人への使徒の手紙がこのことをわたしたちに十分教えてくれる。(『新しい年の説教における新約聖書の根本概念』664頁)

ああ贖い主よ、何人にも周知のことと思われながら、何人にも知られていないこと、すなわちあなたの血による贖罪を、あなたはわたしたちがそれを認識するにふさわしい者としてくださいました。このことを永遠に感謝いたします。

わたしたちにこの高貴な秘儀を教えてください、そしてわたしたちと同じ尊い信仰を受け入れた友たちとの交わりによってそれが容易になりますように。アーメン。

(13)(原注)J・A・ベンゲルの「あなた 父の御言葉よ、語りたまえ」(『シュワーベン 教父の証言』第6巻、48頁以下を見よ。

10　再生

水と霊が、そして水と霊からの誕生が再生（Wiedergeburt）には必須であることを知る必要がある。とはいえ、それを知るにふさわしい年齢になる前にはあまり度を越してこれに没頭しない方がよい。再生とは、〔パウロの〕ガラテヤの信徒への手紙4章19節〔わたしの子供たち、キリストがあなたがたの内に形づくられるまで、わたしは、もう一度あなたがたを産もうと苦しんでいます〕によれば、真理の言葉を受けることによる認識の変革なのである。この〔変革は〕神の内へと向きが変えられることで、神の息吹き《ツーゲ》〔の諸相〕が次々と順序正しく続く様子や、詩編119編のように持っているものがますます与えられる様子に注目すれば、自分の身で悟ることができる。この詩編119編では、手に入れた8節ごとの内容が、次の8節で新たに受け取られていく。これはすなわちヤコブの手紙1章18節「御父《おんちち》（神）は、御心のままに、真理の言葉によってわたしたちを生んでくださいました」が保証すると思えばよい。言葉は魂を形成する道具である。そして神からのこの〔再生の〕誕生は、目に見えない間に起こる。イエスはマタイによる福音書19章28節〔はっきり言っておく。新しい世界になり、人の子が栄光の座に座るとき、あなたがたも、わたしに従って来たのだから、十二の座に座ってイスラエルの十二部族を治めることになる〕は被造物〔である人間たち〕の普遍的な全体への再生を語っている。（『聖書とエンブレムの辞書』683―684頁）

わたしは再生全体の根拠を、義認という最も聖なる真理および唯一のささげものによるすべての選ばれた者たちの完成（ヘブライ10・14）[1]ということにおく。わたしの信仰告白は、イエスが自ら罪を負って父によりわたしたちのため罪と呪いそのものとなって処分を受けられたこと、イエスが、その義をわたしたちにいわば譲渡してくださったことである。これがわずかな時間で起こりうることであり、わたしたちの信仰がアブラハムの信仰と同じく義に数え入れられる〔義と認められる〕こと〔創世記15・6〕、これはまもなく知性にも受容できること、それにもかかわらずこの秘儀は経験の実証の意味では正しく信ずることが困難である、とわたしは言いたい。人はまことの信仰を得た瞬間にはパウロがダビデの心となって引用しているように〔ローマ4・4―8参照〕、至福を感ずることはわたしも確信する。しかし、イエスを正しく深く認識するという意味で人が聖とされるということは、――それはすべての人々になおもわき起こってくる疑いや誘惑に終止符をうつことであるが、――それなりの長い時間が必要であるに違いない。イエスを正しく認識することは、突如としてではなく、救世主の言う「持っている者が、〔益々〕与えられる」という規則によるのである〔マルコ4・25「持っている人は更に、与えられ……」編集注、マタイ13・12「持っている人は更に与えられ、て豊かになるが……」編集注、ルカ8・18「持っている人は更に与えられ……」編集注等〕。この認識の最初の恵みをいたずらにし

郵便はがき

113 - 0033

恐縮ですが
切手を
お貼りください

東京都文京区本郷 4-1-1-5F

株式会社ヨベル YOBEL Inc. 行

ご住所・ご氏名等ご記入の上ご投函ください。

ご氏名：　　　　　　　　　　　　（　　　歳）

ご職業：

所属団体名（会社、学校等）：

ご住所：（〒　　　-　　　　）

電話（または携帯電話）：　　　　（　　　　　）

e-mail：

表面に ご住所・ご氏名等ご記入の上ご投函ください。

●今回お買い上げいただいた本の書名をご記入ください。
書名：

●この本を何でお知りになりましたか？
1. 新聞広告（　　　　）2. 雑誌広告（　　　　）3. 書評（　　　　）
4. 書店で見て（　　　　書店）5. 知人・友人等に薦められて
6. Facebook や小社ホームページ等を見て（　　　　）

●ご購読ありがとうございます。
ご意見、ご感想などございましたらお書きくだされぱさいわいです。
また、読んでみたいジャンルや書いていただきたい著者の方のお名前。

・新刊やイベントをご案内するヨベル・ニュースレター（E メール配信・不定期）をご希望の方にはお送りいたします。
（配信を希望する／希望しない）

・よろしければご関心のジャンルをお知らせください
（哲学・思想／宗教／心理／社会科学／社会ノンフィクション／教育／歴史／文学／自然科学／芸術／生活／語学／その他（　　　　）

・小社へのご要望等ございましたらコメントをお願いします。

自費出版の手引き「**本を出版したい方へ**」を差し上げております。
興味のある方は送付させていただきます。
資料「**本を出版したい方へ**」が（必要　　必要ない）

見積（無料）など本造りに関するご相談を承っております。お気軽にご相談いただければ幸いです。

＊上記の個人情報に関しては、小社の御案内以外には使用いたしません。

ない人が、真理にあって聖化されてますます増し加えられるのであり、その人は、神がイエスの似姿をあらかじめ備えられて、信じる者の上に来たらせることをゆるしたもうそれまでには、相当の時間のかかることを経験する。わたしがこう言うのも何ら新しいことを述べているのではない。というのは、誰でも何らか聖化されること、革新されることは信じるが、自分が5ポンドもらっているから、もう5ポンド稼ぐ使命があるのに、2ポンドしか儲からなくとも、自分も大きな罪を犯してきたわけではないのだから、主人の不忠実な僕《しもべ》となって最初の恵みを失うであろうとなどと、誰も彼も本気に自分の問題として向かおうとはしない〔マタイ25・14―30〕。〔言い換えれば〕信仰の始めの瞬間に、ないしは福音の説教の開示された純粋な意志の下で早くも現実のものとして、また種子であるとして決定的な尺度に則った再生の全体がそこに内在するのである、それを悟れないのであればその信仰は義とされないということを〔本気に〕思い出そうとしないのである。（「全集Ⅱ第5巻」Ⅸ―Ⅹ）

イエスの復活は、真の誕生である。そこでは天的なものが高く飛翔しながら、キリストの肉はそれでも肉を持続し続けていた。というのも、ある存在者が〔構成要素を〕拡大するだけにとどまらず、そ

（1）（訳注）（ヘブライ10・14）「なぜなら、キリストは唯一の献げ物によって、聖なる者とされた人たちを永遠に完全な者となさったからです。」（新共同訳）

の諸部分を変態《ウムゲシュタルトゥング》させることにより、それ以前に無かったものが成ずるとすれば、それは誕生といってよいからだ。だから復活について使徒言行録13章33節には、(2)「わたしは今日あなたを産んだ」と言われる。死者たちからのイエス・キリストの復活では、神はその内部で常時活動しながらその御子を特別の仕方で産んだ。よみがえり（Auferweckung）と復活（Auferstehung）は本来的な意味で産出《ツォイグング》であり、新生（generatio）である。わたしたちは、これらのことについては幻想《ファンタジー》を用いなくては思考する手がかりさえ造れない。かろうじて考えられることは、神がその産出のために、万軍の主として、無限の組み合わせ（結びつき）を司る力の主として、無数の入り組んだ道具を持ち給うということである。しかし聖書の言葉がその輪郭を与えてくれる以上にわたしたちは進むことはできないであろう。

（『聖書とエンブレムの辞書』324―325頁）

〔イエス・キリストの〕復活によってすべての魂の再生のための根拠が出現した。だからペテロは、神が復活によりわたしたちを再び〔新たに〕産みたもうた、と言うのである（ペトロ1・3、3・21）。(3)今やわたしたちは信仰の内に感覚の方向転換を通して、再生を受け入れることができるようになった。わたしは探求の時代という現代に応じて、自然の主なる〔イエスに〕あって、イエスの永遠性を目指して準備すること、心情をこの神的自由の中に据え[illegible]何か無くてはならない重要な諸真理であるのか、それらを学んでゆこうと意を決し[illegible]る。その諸真理の探究は、現在の呻いている自然の断片

〔ローマ8・22〕をこよなく深く観察することにわたしの思いと才能のすべてを尽くして没頭したあげく、信仰と再生がどのような目的をもつのかを、〔とどのつまり〕忘れてしまうということよりは、むしろ〔はるかに〕よいと思っている。(『著作集』Ⅱ、第1巻、274頁)

(2)(訳注)(使徒13・33)「つまり、神はイエスを復活させて、わたしたち子孫のためにその約束を果たしてくださったのです。それは詩編の第二編にも『あなたはわたしの子、わたしは今日あなたを産んだ』と書いてあるとおりです。」(新共同訳)

(3)(訳注)(Ⅰペトロ1・3)「神は豊かな憐みにより、わたしたちを新たに生まれさせ、死者の中からのイエス・キリストの復活によって、生き生きとした希望を与え、」(Ⅰペトロ3・21)「この水で前もって表された洗礼は、今やイエス・キリストの復活によってあなたがたをも救うのです。」(新共同訳)

11　神の王国と再生

神の王国は、水と霊によって起こる再生がないならば、それを得ることはできない。しかし、このことを正しく理解するためには、次の諸点についてよく考えてみなければならない。

1　人間とは何であるのか、そしてキリストによって人間は何ができるようになるのか、ということを考えてみること。

2　人間が〔創世記で語られているような〕罪に陥《おちい》る〔堕罪する〕ことがなかったならば、彼はすべてを支配することになったであろう。神が人間を造りたもうたが、そのように彼は創造する諸力を用いて、他の事物を造ったことであろう。しかし、堕罪によって、生命の水と霊とが彼を見捨ててしまった後では、人間は地上の火に、水に、空気にそして地に翻弄されるものとなってしまった。

3　いまや人間は自分が神的な血族に属する者であることを信じていない。というのも神的な火、神的な水、神的な息吹《オーデム》や、そして神的な大地が自分に失われているからである。

4　人間は再生のため新しく生まれ変ることについて、何もわからなくなっている。
5　イエス・キリスト、御言葉が、肉となりたもうて、その死を通し、〔人間を〕死に招き寄せる諸元素から方向転換し、帰還せざるをえないようにしたもうた。
6　水、血、そして霊がキリストの脇〔腹〕から流れ出た。それは、神的な諸元素がこうして再びわたしたちの中に臨みたもうためである。
7　ところがこの世にいる反《アンチ》キリストが、これらのすべてを否定して、ある教説をもたらした。その教説はイエスが水と霊から、血と火によって導きたもうて来られた教説よりももっと霊的だと思われている。
8　イエスの弟子たちは、イエスの教えのもとにとどまって、その御言葉を信仰によってそのままの内容で受け入れている。これによってイエスの霊が彼らのうちに隠れて働いておられる。彼らは聖霊を求め祈願するが、聖霊は彼らの内にイエスの言葉を形づくる。彼らは神によって教えられる。
9　サタンの業は手段〔媒介や富〕を通して行われる。神の御業も手段を通して行われる。
10　欲とか貪りとは何であるかは、わたしたちは十分理解していなければならない。そのことを人は祈りの中で学ぶのであり、また救いの秩序に生かされながら、手段を使用して学ぶのである。こうして魂は、自分が世の霊を受けているのではなく、イエスの霊を受けていることを知ってゆく。その結果、すべてのうちに神の声があり、イエスの声があることを知り、そしてどのようにその声を聞き分けるのか、をも知ることになる。

11　信仰、愛、希望は、そのような霊魂のつける実である。この実によって霊魂はその再生されたことを知り、あらゆる部分でその証しがなされているのが信じられるのであり、ついにはイエスの証しこそ預言者や聖なる啓示の核心であり、精髄であることを学ぶのである。

12　霊魂は神のさまざまな譬え（Abbildungen）に目を向け、耳傾ける。というのは霊魂は、霊的な諸元素を、〔すなわち〕水、血そして霊などを理解することができるからというのではなく、ただ信仰によって単純に受け入れることができるというにすぎないのではあるが、それは、その霊魂の生命であるキリストが、その死の後に、聖書の〔開示しているもろもろの〕時の経過後に顕現したもうときには、その時に理解できるようになるであろうという希望に生きている。

13　霊魂はその持つさまざまな欲望のうちに取り囲まれていても、おのれを静めている。それは、永遠なものとしての天的な喜びを自らの中に見いだしていて、イエスを知っているという平和と確実性を味わっているので、その霊魂は、神の御意志によって生まれ出て、そして新しい被造物の初穂に属することを知っている。

14　霊魂はこうした心情を用いて聖書の歴史を読むので、日ごとに強められてゆく。それは霊魂が人類の聖なる本質であるイエスを祈りのうちに常に生ける者として存続させ、不変の持続する根底となすからである。

15 ヤコブと神〔天使〕の争い〔創世記32・23―33〕は、とりわけ霊魂にとっての独自の戦いとなる。霊魂は〔旧約のヤコブのように〕〔腰〕骨を折ることなく、また〔天使に挑戦するという〕律法に矛盾することもないが、ヤコブにならって戦うことを教える。
16 ガラテヤ人への使徒の手紙を手本として受け入れ、霊魂は〔旧約・新約の〕両契約にしたがうアブラハムの信仰を理解する〔ガラテヤ3章参照〕。アブラハムは信仰によってキリストを着たのである、同じ仕方でわたしたちもキリストを着たのである〔ガラテヤ3・26―27〕。[1] だからわたしたちはみな〔ユダヤ人、ギリシア人の区別なく奴隷、自由人の身分なく、男も女もない〕キリストにあるひとりの人にすぎない。
17 ヘブライ人への使徒の手紙によれば、すべてのものが、キリストの大祭司職の完全性へと霊魂を導きだして、ついには、全聖書がその魂を、神の神秘、御父の神秘、キリストの神秘と一つにする。

これらのことからあなたがたは、大世界〔の人々〕の信仰と、小さな群れの信仰との間にどのような相違があるか、気づくことであろう。さらに人間がかの世界においてその両膝を曲げてイエス・キリ

（1）〔訳注〕（ガラテヤ3・26―27）「あなたがたは皆、信仰により、キリスト・イエスに結ばれて神の子なのです。洗礼を受けてキリストに結ばれたあなたがたは皆、キリストを着ているからです。」（新共同訳）

ストこそ自然界の主人であり、自然界に祝福をもたらす者であり、すべての王たちの王であるその御方が、千年王国においてはすべての王国を廃止して、すべての力をご自分にひきつけるであろうと告白なさるまでは、どんなに多くの事が世俗の諸信仰や自然信仰を克服するためになお起らなければならないであろうか！

これらのすべては短い命題のかたちであらわすことができない。というのも、御霊は諸命題によって汲み尽くすことはできず、海の波浪が、地の床に寄せて溢れ出るように、すべての方面にわたりすべてを超えながらキリストの王国と天上の王国の日々に進んでゆきたもうからである。そのとき明けの明星たちが救い主を誉めたたえるであろう。（『著作集』Ⅰ、第3巻、490―492頁）

12　回心

回心（die Bekehrung）とはある種の力であり、神がすべての人々の内に働かせたもう力である。神はイエスを死からよみがえらせた、そして信じるすべての人々のために、生命を与えるこの唯一の行為を通して、信じる力を賦与してくださったからである。わたしたちが彼〔イエス〕と一緒によみがえった者として見なされていることは、多額な加算と言える。わたしたちは、しばしば動物なみの者となるから、〔動物にも時には起こる〕よみがえりの可能性を自分中心〔の自然性がもつ自分の力の内にあるのだ〕と説明するかも知れない。その場合は光が暗闇となる。〔復活の〕可能性〔原文強調〕をわたしたちは自然《フュージィシュ》のまま〔すなわち回心なしのあり方をしていて〕は理解することはできない。暗闇は悪い意味をもつばかりとはいえない。わたしのヨブ記の著述(1)でもって、暗闇の程度というのがあることについて調

（1）（原注）この著述の書名は『手短で理解されやすいように説明され翻訳され章分けされたヨブ記の正しい裁き』である。その267頁でエーティンガーは次のように言う。「このようにカオスの内には、神の最初6日の業以前に働いたすべての事物が含まれていると考えられる。……ヨブは自分の誕生の日を詛っているが、ここでもさ

べてほしい。人は聖書全体の真理を十分包括できはしない。一面的に判断できるだけである。エフェソの信徒への手紙やコロサイの信徒への手紙を読んでみてください。そこではイエスの復活の力は、すべての人を共に内的に生命づける偉大なもので（エフェソ2・5〔罪のために死んでいたわたしたちをキリストと共に生かし――あなたがたが救われたのは恵みによるのです――〕）、その力の可能性はわたしたちの理解を超える。（『生涯と手紙』809頁）

異教徒と変わらないキリスト者たち（現代の自称キリスト者たち）は、深い暗闇とサタンの働きに取り憑かれている。彼らのさまざまな欲望が自分をあれこれの迷いの生活のうちに閉じ込めている。そういう時、神が遣《おく》りたもうのが次に掲げる出来事である。

1　あれこれの者に対して、彼を愕然とさせ注視させるような出来事がある。
2　これにより彼は神の言葉を読むように駆り立てられる。彼は何らかの力強い言葉によって特別に感動を受ける。
3　神が彼をとらえると、自分のいまわしい状態について不安になる。
4　神はつかまえたままであるのに、彼のほうはそれを拒む。でもついには納得するようにされて、
5　それに対して自分なりの承諾をする。
6　聖霊が彼の内部にとどまる。彼はこれまで言い繕《つくろ》ってきた自分の悲惨さを告白する。

7　彼は本気にキリストの認識にとりかかる。彼は〔聖書にある〕天的な事物に驚嘆し、聖なる御言葉を熟考するようになる。

8　神はそのことを彼と共にあって繰り返し問い、命じたもう。

まざまな暗闇の段階が考慮されている（〔ヨブ記〕3〜5章）。最深度の、もしくは最も最奥の暗闇がその誕生の夜を掴んだと言いたいのであろう。またヨブはその日を詛ったことの言い訳として10・20—22で「わたしの人生なんぞ、もう幾ばくもなくおのずから終わってしまうでしょう。わたしのことは放っておいて、楽にさせてください。どうせ、恐るべき暗闇の、死の影の国のなかへ、くらくらするほどの暗闇のなかへ、そこは死者たちがひしめき、闇が分厚く重なり、闇が光の輝きのすべてにも増して深いめまいを起こさせたから、その最大に明るい部分も最も暗い夜と同じほど暗いのです」というのであれば、さまざまな暗闇の程度もここに出ている。神はヨブに問う「死の門がおまえには開かれたと言うか。お前は死の影の門を目で見たのか」（ヨブ記38・17）と。

『聖書とエンブレムの辞書』（1776刊）205頁で彼は言う。「暗闇は聖書の主要な言葉である。光は暗闇のなかで輝く（ヨハネ1章）。あなたの内の光が闇となりうる（マタイ6・23）。Ⅱペテロ2・4やユダの手紙16節〔暗闇 Finsternis という語は13節〕では暗闇は〔ギリシア語原語の ζόφος〕Zophos である。……自分の唯一の能力を用いず怠け者であった者は、その蒙昧のために最遠方の暗闇のなかへ投げ入れられた。暗闇のことを語るイエスの言葉を意味のない言葉として読むような人々は多かれ少なかれ、同じようなことになるであろう。」と。

9　彼はその為すところが以前とは全く別人のようになる。

10　彼は古い罪に対抗して争う。彼はイエスの犠牲による天上からの相続遺産について聖なる解明を得る。彼の回心はゆっくりではあるが聖なる秩序を外すことなくその中で進みゆく。彼は聖化の道の歩みを進み続ける。さて牧者にして大祭司であるイエスへ向かう回心がそれぞれの職業や指導に応じてどんな振る舞いをみせるかは、十分に記述することはできないが、それでも、聖なる集会ではそれについてもっと十全に対話的な方法で語ることができるであろう。

（『新しい説教の年にむけた新約聖書の根本概念』275―276頁）

パウロは言う「しかし彼らの考え（Sinne）は鈍くなってしまいました。今日《こんにち》に至るまで、古い契約が読まれる際に、この覆いは除かれずに掛かったままなのです。……しかし主の方に向き直れ〔回心すれ〕ば、覆いは取り去られます」（Ⅱコリント3・14―16）。

この覆いとは何なのであろうか。

答え。それは至福に至らない誤って解された主張である。

回心とは何であろうか。

答え。それは誤った主張や習慣を悔い改め〔そこで身を翻す〕ならば、その時人は神の言葉および神の律法へと心を向け、これらを自分の主要関心事となすことである（詩編1編）。(2)

こうしてやっと人は自分の目が眩《くら》ませられていたこと、暗闇や悪魔の配下に置かれていたが、それでも自分は至福に至る途上にあるのだと説き伏せられていたことを悟る。

すべて説教の目的は、人間は若い頃から多くの誤った主張や思想を自分の胸に抱え込んできたが、イエスを万有を支配する最高の律法としてひとたび愛し始めると、それによって考え〔感受性〕の鈍さや数多くの弁解からなる罪の織物から解放され、〔神の〕義に完全に身を向けるようになるためである。人間は内的にも外的にもそのために召されているのであり、このことをより詳しく言うならば、人間は彼がその身に〔それ自体〕持っているすべてのものにより、神のもろもろの力やその特徴にならって、神の義の内に含まれている美しきものや神的なもののすべてへ向かって近づくことをやむことなく、御国の言葉が完全に彼の中に到来し、それによって深く隠れながらも最も明らかに顕現している諸観念を正しく判断する者となるように〔召されている〕ということである。だから、そこには、ソロモンの箴言があり、詩編119編があるのであって、人は単に主に向かって回心するだけではなく、心を尽く

（2）（訳注）（詩編1・2参照）「主の教えを愛し、その教えを昼も夜も口ずさむ人。その人は流れのほとりに植えられた木。ときが巡り来れば実を結び葉もしおれることがない。その人のすることはすべて、繁栄をもたらす。」（新共同訳）

し、魂を尽くし、心情の諸力を尽くしてキリストの律法が特に産みだすすべてのものに向かって〔主を証しする〕ように促される。だからパウロは神の言葉を、すべてのものを〔分け〕、皮膜と皮膚〔新共同訳：関節と骨髄〕とを切り分ける解剖刀にたとえている（ヘブライ4・12）。[3] その対極に立つのが、不機嫌（Verdrossenheit）で、これは恩恵がその人に行く道を示してくれた後でも、何ら目標をもたず、毎日をただ漫然とやりすごしてしまう。こうして多数の人間の考え《ジンネ》〔感受性〕が鈍くなってゆく。

（『聖書とエンブレムの辞書』65−66頁）

わたしはつい最近駅馬車の中である商人と乗り合わせたが、彼がわたしに語ったことは、自分は神への帰依をすすめる書物を数冊も読んだけれど、さて読んだことを自分で試してみようとしたら、ほとんど獣と同じで、全然うまくいかなかった、それでまたもや、初めからやり直さねばならなくなった、だから自分はまだ失われて見いだされていないのだ、と悟らざるを得なかった、だが、自分は〔よくよく考えると〕神の言葉を読んで神の導きに従ったり、祈ったり、回心の真摯さを必要としたと同時に知恵の初め〔（箴言1・7）主を畏れることは知恵の初め〕をも習得したのだと思う、というのであった。わたしは、この正直な改革派教会の信徒との対話を、また〔改革派教会ではなく、古めかしく旧教徒に属すると言われるがやはり〕正直であったある修道士を相手にした対話と同じく生涯思い返そう。この時わたしたちは天の神がご照覧したもうことを経験したのである。

イエスは徴税人たちに、神は失われた者を探し求めたもう、と言われる。神は多くの失われた、道に迷い傷ついた羊たちを顧みたもう。神はすべての人の髪の毛や、すべての塵の数さえも数えられているほどの、その計り知れない特別の洞察力をもって万有を見ておられるに違いない。しかしこのことが本来的な意味での顧みではない。神の顧みは、こころの中に感じ取られるのであって、ひとりの失われた者が、神が自分を見いだしてくださった、神がすべての選ばれた者たちとともに自分を喜んでくださっている、と気づいた時、聖書の御言が自分自身の心を目指して生き生きと自分に働きかけて命をあたえてくださる場合、特別に感じ取られるものなのである。見よ、このようにして神の顧みは生起する。神は内から見たまい、外から内に入られる御方である。それなのにわたしたちは神が見ておられるのに気づかない。失われた羊たちは、イエスが自分の肩に彼らを担って、彼ら一人ひとりの人格のために、慰めとその罪の赦しの言葉をあの放蕩《ほうとう》息子や中風の者やそのほか惨めな貧しい者たちのもとに福音の声の響きが胸打つように語りかける場合に、はじめてやっと気づくのである。（「全集Ⅰ第4巻」355―356頁）

（3）（訳注）（ヘブライ4・12）「というのは、神の言葉は生きており、力を発揮し、どんな両刃の剣よりも鋭く、精神と霊、関節と骨髄とを切り離すほどに刺し通して、心の思いや考えを見分けることができるからです。」（新共同訳）

13　信仰

主よ、わたしは信じます、わたしの不信をお救いください。わたしは若者の時から多くの祈祷の言葉を暗誦してきました。しかし今になってもなおあなたを真実には知っていませんし、あなたを何とお呼びするのか、学んでいません。主よ、あなたの霊によってわたしに教えてください。それは御父とその御子との真の交わりに入ってゆくことができるためです。こうして初めてわたしは将来の栄光の前味を味わうことができるのですから。アーメン　（『生涯と手紙』355頁）

心が強化されることはすてきなことである。これは恵みの備えに与かることにより起こるのであって、食物の規定に従って〔生活するから〕ではない〔ヘブライ13・9〕。[1] 心はそのままでは移り気で、やる気から怖れへ、またきかん気からしり込みへと常に移り変わってゆく（エレミヤ書17・9）。[2] たとえその人間が多くの閃き、また幻や夢に富んでいても、その心が信仰によるほど強められることはない。というのは信仰とは〔ギリシア原語では〕ヒュポスタシス、すなわち確信する根拠の揺るぎなさ（eine

Grundfeste aus Überzeugung）を言うのであるから（ヘブライ11章）。信仰は傾聴することから生じる。これは〔信仰という〕ある種の感得力《ジン》を外から植えつけることである（ヤコブ1・21）。[3] 聴きとるということは、すなわち神が思考の三段論法[4]的秩序を廃棄しないで、活かそうとなさるのである（ガラテヤ3・21）。[5] そのために神は福音の中に恵みへの手がかり《アンシュタルト》を与えてくださった（ローマ4・21）。[6] しかしそのための

（1）（訳注）（ヘブライ13・9）「いろいろ異なった教えに迷わされてはなりません。食べ物ではなく、恵みによって心が強められるのはよいことです。食物の規定に従って生活した者は、益を受けませんでした。」（新共同訳）

（2）（訳注）（エレミヤ書17・9）「人の心は何にもまして、とらえ難く病んでいる。誰がそれを知りえようか。」（新共同訳）

（3）（訳注）（ヤコブ1・21）「だから、あらゆる汚れやあふれるほどの悪を素直に捨て去り、心に植え付けられた御言葉を受け入れなさい。この御言葉は、あなたがたの魂を救うことが出来ます。」（新共同訳）

（4）（原注）一般的なものから特殊的なものを推論すること。

（5）（訳注）（ガラテヤ3・21）「それでは、律法は神の約束に反するものなのでしょうか。決してそうではない。万一、人を生かすことができる律法が与えられたとするなら、確かに人は律法によって義とされたでしょう。」（新共同訳）

（6）（訳注）（ローマ4・21）「神は約束したことを実現させる力も、お持ちの方だと、確信していたのです。」（新共同訳）

基礎となるのは、論理（Logik）ではない。そうではなく、ある種の律法〔法則〕（ein Gesetz）が基礎となるのだが、しかも本当には誰もそれ〔律法（法則）〕に従って歩めない。その基礎はいくらかの断片的局面では思考のある種の機械的形式を実現させる。しかし、福音のうちでは、ひとそれぞれの具体的現実にかなった思考が形成されるだけにとどまらず、産み出されもする。再生へ向かう第一の思考は、イエスは主である（Iコリント12・3）[7]〔と告白すること〕でなければならない。しかしある人のなかに、この思考が生まれ、そしてこの思考が実体《ヒュポスタシス》となったなら、神はその人の多くの過ちや弱さから生じる罪を見すごしなさるので、〔信仰によって義とされると説く〕教義全体が強化される（エフェソ4・13）。[8] 神が信仰によって義と見なすその信仰の初めは、ある強烈な印象であるが、これによって神の子への愛好心と満足感が生じる。こうしてその思いは確実かつ真実であると見なされ、生活全体を目標達成へと向けさせるが、その結果〔生の〕深部の腐敗は恵みの備えのほかには救うことはできない〔と悟る〕。だから人は直ちにすべての真理へと導かれることを渇望し、その手立てへとおもむく。そこへ向う一歩は極めて小さく、見栄えがないかも知れない。例えばパウロはリストラの男には、彼に救ってもらいたいという信じる一念のほか何ものも見なかった（使徒14・9）。[9] イエスの僕《しもべ》たちは、主を見る目や主に聞く耳をもたなければならない。だから〔主についての〕知識もそのひとつではあるが、知識はもちろんすべての人が持つとは限らない。かなりの人たちにあっては、神が彼らの心に耳を傾けてくだされば、自分たちは何も言わずにいてもそれで十分である。というのも「沈黙してあなたに向かい、賛美をささげます」（詩編65・2）また「賛美は幼子のような者たちによってあなたに捧げられます」（ルカ10・21）とあるからである。

彼らが強い心をもつのであれば、そのときすべては一つの根から出ているという彼らの業《わざ》の一致に対する信仰に証しされている。ジィラー(10)〔シリアのエフライム（306-373）〕は、信仰という語をSchoeroroと翻訳したが、これは断固とした想念のことである。

この他で注意しなければならないのは、全〔旧約・新約〕聖書の内でヘブライ人への手紙11章1節(11)の

（7）（訳注）（Iコリント12・3）「ここであなたがたに言っておきたい。神の霊によって語る人は、だれも『イエスは神から見捨てられよ』とは言わないし、また、聖霊によらなければ、だれも『イエスは主である』とは言えないのです。」（新共同訳）

（8）（訳注）（エフェソ4・13）「ついには、わたしたちは皆、神の子に対する信仰と知識において一つのものとなり、成熟した人間になり、キリストの満ちあふれる豊かさになるまで成長するのです。」（新共同訳）

（9）（訳注）（使徒14・8―9）「リストラに、足の不自由な男が座っていた。生まれつき足が悪く、まだ一度も歩いたことがなかった。この人が、パウロの話すのを聞いていた。パウロは彼を見つめ、いやされるのにふさわしい信仰があるのを認め、」（新共同訳）

（10）（原注）シリアのエフライム Ephräm der Syrer のこと。エデェサの司教（373年没）。多くの著作や賛歌の作者である。

ただ一カ所を除けば、信仰の定義もしくは説明が表明されていないことである。その〔ヘブライ人への手紙の〕箇所では、信仰とは希望される事物の確実であることを基底とすることであり、大祭司イエスと彼を信ずる者たちによって不可視の世界で行われている〔執り成しの〕職務（Verrichtungen）を堅く信じ守ること（ein Festhalten）である。今日では信仰は一種の学問に、一種の論理的デモンストレーションに変化させられているが、そこでは人は甚だしく迷うことが多い。幾何学の諸命題のみが真理だとみなされるならば、その時には聖書は真理のために必要でなくなるので、一つの専門知識に過ぎなくなる。だがこうして人は自分自身を欺くことになる。というのも、専門知識は生活の土台に根を持つものではないからである。信仰は内的な隠されたヒュポスタシス（基底）[12]をもつ。それは意志するだけの小さしかないと言われる（Sie sei so klein, als sie will）が、それにもかかわらず、内在する霊の衝動を通してすべての真理の中へ突き進んで止まない。人がそこに生き、語り、考え、そして働くのは自分のためではなく、主のためなのである。そこでは人は神の中に、そしてキリストの中に、他のすべての概念も〔連関して〕持っているのであって、思念《ジン》〔意味〕として常時もたないとしても、霊《イムガイスト》のなかにはやはり〔常時〕持つのである。（『聖書とエンブレムの辞書』282頁）

信仰は人間の意志のなかですべてを統合する。不信仰は、分離をなし、断片化する。だから人が信仰によってキリストを正しく見つめるならば、それで神より賜った諸力を一つに結び合わせることになり、その心は真理の御言葉にあって強くなる。信仰はある場合には、捉《とら》えて保持することであるが、他の場合にはますます増大してゆく神からの諸力を受け取ることである。前者の場合、信仰はみずからの内に懐《いだ》く独自のものとしてもつが、後者の場合は、自分の所有によるのではなく、恵みとして神から受容する。人間が神の栄光を欠くと、彼は暗闇の中にいる。彼が恵みによって神の栄光を捉えるならば、彼の中の暗闇は光となる。ところで人間の内にはさまざまな力や諸原理が争いあっているから、彼なりの意欲〔やる気〕をどこへ向かってみずから誘導していくのかが人間の問題である。神はその誘導の方向に沿って、人間の内なる光の原理（諸要素）、また暗闇の原理や諸要素を、指揮・制御する。それら諸々の〔光や闇の〕諸原理〔諸要素〕がその人間自身に傾きを与えたり、引いて行ったりするのではあるが、しかし恩恵ははるかにまさって打ち勝つのである。諸力が先だって駆動（予定して動か）されているのではない、もしくは宿命的に〔前もって〕定められたりしてはいない。そうではなく、神は、神の永遠の力の栄光によってそのような〔光と闇の〕諸力をささえって、神を信ずる者たちを恵み

(11)（訳注）（ヘブライ11・1）「信仰とは、望んでいる事柄を確信し、見えない事実を確認することです。（新共同訳）

(12)（訳注）ヒュポスタシスは上記ヘブライ11・1で、「望んでいる事柄を確信し」の確信と訳されているギリシア語名詞であり、動詞ヒュフィステーメは「下に置く」「下で支える」「存在する」の意であので、「基底」とも訳される。岩隅直著『新約ギリシャ語辞典』（山本書店）485頁参照。

の諸力で圧倒するが、神を信じないで逃れようとする者たちには自分勝手にさせたもう。すべてのものの中には、すべての力が集中する始原がある。光の諸力は光をみずからへと引きつけ、地獄の諸力は暗闇をみずからへと引きつける。悪を行う者は光を憎む。真理を行う者は光にやって来る。神の力ある祈祷、イエス・キリストへの渇望は神から自分を引き離したすべてのものに次第に打ち勝っていく。だから、自然の諸原理を、もしくは悪い地獄の諸力の諸原理を、手に余るほど増やして平気でいる人はだれでも何らの罪の免除には関われないのであり、それらの上には神の怒りが到来するのである。というのは、恩恵がその克服のためにどの位の力があるのかは、計り知れないからである。

（「全集II 第2巻」349頁）

信仰は神の御言葉の真理についての対話であるというだけではなく、人が希望する事柄に対する基本姿勢でもある（ヘブライ11・1）。[13] わたしたちの宝のあるところ、そこにわたしたちの心もある。キリスト信仰とはイエス・キリストの救いの働きの中に全身をゆだねることである。それはイエス・キリストの模範に従いわたしたちの魂を形成することである。信仰には、もしくはキリスト教全体には、二つの働きがある。第一にはこの世を忌み嫌う方向転換であり、第二にはキリストにおいて神と結合することである。これら二つは必ず伴うものである。神を信ずる者たちは、神と共に一つとされ、キリストのからだの一員となる。一つのからだと、一つの霊、一人の主、一つの信仰、一つの洗礼、す

べての上にあり、すべてを貫いているすべての内にあるひとりの神にして父なる方である。（「全集II 第1巻」380頁）

人間は直観的《イントゥイティーフ》に（直接的な見方によって）は、霊・魂・身体〔の人間構造の三分法〕とは何であるか、を理解しない。わたしたちの認識が断片的であるので、つねに信仰が加勢して助けなければならない。（『生涯と手紙』600頁）

いずれにせよ、わたしたちは甲虫みたいなものだ。信仰〔という触覚〕によって目に見えないものに触れるのみであり、そういうものは終りの時に、またさらには新しいエルサレムで、開示されてゆくことになる。（「全集I 第4巻」、187頁）

信仰はそれ自体服従にほかならない。信仰は正しく確信したもの、正しい決意から生まれる心の強固さであり、基盤の強固さである。（『生涯と手紙』547頁）

（13）（訳注）訳注11参照。

神は全自然からは自由であり、拘束されないのと同じく、神の霊のうちにある正しい信仰も自由である。ただその意志を神の意志の中に投入するという傾向だけをもつが、これが神の恩恵であり、愛であり、慈悲である。(「全集Ⅱ 第5巻」164頁)

聖書の言葉の語り口が、いかに信仰の語り口となっていることであろうか！　哲学者たちやわたしたち自身が語った事さえも、しばしば全く何も分かっていなかったのだ、ということが〔いつか〕明らかになるだろう。しかし、神は、その語ることをご存知である。だからわたしたちは、神がどのような方法と様式で被造物に働きかけているのか、という理解しがたい事柄《アプストルーゼン》に対して、人間の言葉が編む頭脳の蜘蛛の巣に〔絡め取られないように〕用心しようではないか。(『生の理念に導かれた神学』161頁)

14　信仰の妨げ

わたしたちは自ら省みると信仰を初めの段階で困難にする三種の妨げに気づく。第一には、当面の生きるための糧とか、職業の心配である。これには〔イエスの〕弟子たち自身も「それなら誰が救われるというのですか」（マタイ19・25、マルコ10・26、ルカ18・26）と言った。するとイエスは答えられた、[1]人間に囲まれているうちは、すなわちこの世で色々あくせくしている限りは不可能である。しかし彼らが神とともにあるなら、その場合すべてのことが可能となる、地上にあってはまことの回心を通して、死後ではこういった〔生存の〕防御措置から決別することによって〔可能となる〕と。わたしたち〔聖職者はその〕幾人かの人間の内でこそ神に対する強固な満足を見いだしはする。しかしその満足は現実の〔聖職的〕奉仕をする事では抑えられはしないが、この職業から必ず出てくる後の虚栄の奉仕に

(1)（訳注）（マタイ19・26）「イエスは彼らを見つめて、『それは人間にできることではないが、神は何でもできる』と言われた。」

負けると、それは抑えられてしまう。こういう〔聖職者たち〕は、人生の晩年になって、信者たちが自分たちの生活の面倒を引き受けるようになると、情熱の火から退去する〔というまことに残念な結果となる〕。第二に誰かある人間が、あれやこれやの強烈な持ち前の傾向を生まれたままに伴ってこの世に出てくるとなると、これは大きな信仰の妨げである。〔こういう連中は、神に感謝しないで〕野心家ならば、自分をありがたがる。好色家なら「女をもらいました」と言い、高慢な人なら自分の欲望に向かって疾駆してゆく。こういう連中の誰も彼も自分のかけがえのない欲望というものに特別に誘われて動かされる。欲望は彼をがっちりと捕まえて離さない。もしも彼がその欲望よりも気高い欲望によって抵抗しなければ、彼を罪の奴隷にしてしまう。信仰は目には見えない事物に関わる、というのが第三の困難さである。見えない事物というのは、見えるしるしによっても、神の言葉によるのと同じく認識するのにきわめて困難なものである。

このような三種の妨げがはじめの段階で信仰を困難にする。しかし神は思いもよらなかった多くの事柄にわたしたちを遭遇させる。その事柄がわたしたちにそれほど重要なことだとは思わなくとも、それでも、その人間を、わたしは軽率だったな、とか、頼りない存在だ、とか感じさせて自分の心に立ち帰らせる。こういうことを無数に繰り返させてから神は二度三度と心を揺さぶる衝撃を与える。これはヨブ記でいう「神は二度でも三度でも人間に自分の最内奥に立ち帰れと特別な仕方で導いてくださる」（ヨブ記33・29）[2]ということである。一方そのほかには神は人間の保護者として、もろもろの〔決定的な）瞬間に人間を訪れてくださり、その御意《みこころ》を数えられないほど幾度でもその人間に向けられるので、その人は神に呼びかけられたりしなかったと言えない。

こうしたことは、君たちを慎重にさせるはずであって、神が与えたもうさまざまな偶発事がとても差異を持っているのだから、根拠もなく相互に裁いてしまってはいけない、そうではなくて、皆が皆、〔信仰への〕同一のチャンスをもつわけではないのだから、すべての人が信仰に至るまで、互いに〔認め合う〕愛のうちに主にゆだねてゆくこと〔が肝要である。〕（『全集I 第3巻』417頁）

神よ、あなたはすべての人間の思考に働きかけてすべての目があなたを待つようにさせてくださる。この語りがひとつの機会となって、多くの人たちが、懐疑の閉ざすかんぬきを開けて飛翔し、弱さのうちにあってもイエス・キリストによって強くなりますように。アーメン。

イエスよ、あなたはわたしたちの冷たい心の信仰から燃える火のような信仰へと進んでゆく何と数多くの機会を与えてくださっていることでしょうか。しかし残念なことにわたしたちの信仰は単に言

（2）（訳注）（ヨブ記33・29―30）「まことに神はこのようになさる。人間のために、二度でも三度でも、その魂を滅亡から呼び戻し命の光に輝かせてくださる。」（新共同訳）

葉だけの信仰（Wortglaube）であり、高く見積もってもその場しのぎの信仰（Notglaube）でしかなかったのです。無限の憐れみをもちたもう主よ、こんなわたしたちをゆるしてください。わたしたちに我慢してください。わたしたちを回心させる時間を持ちたもうのはあなたですから、すべての人に通じる身代金〔である聖霊〕、貧しい人たちすべてにわたる慰め、世界のすみずみに至る救い、すべての人の揺るぎない信仰にいたる手段が、わたしたちの信仰と生の揺らぐことのない根底となりますように！　アーメン。

15　聖化と聖徒

わたしたちはすでにこの世の家畜小屋にいるにもかかわらず、清らかな神性がすべてのものに居合わせて聖《きよめ》を受ける場にいる。すべてを超えて純粋なものが変容され栄光を受けたもうイエスの人間性である（ヨハネ7・39）。[1] このイエスの人間性こそがわたしたちの〔神殿での〕前庭であり、わたしたちの聖所であり、わたしたちの至聖所である。かの来世では、聖なる人々、純粋な人々、義人たちが神の聖殿でその四肢に応じてそれぞれくじ運をもっているであろう。ヨハネの黙示録15章8節によれば、手になつめやしの枝をもった人々（黙示録7・9）が神殿のなかに留まることができたのであるが、それは神殿がふだんにそのなかに留まる人々によって満たされないまでの間〔そこに待たされているの〕である〔（黙示録15・8）この神殿は、神の栄光とその力とから立ち上る煙で満たされ、七人の天使と七つの

（1）（訳注）（ヨハネ7・39）「イエスは、御自分を信じる人々が受けようとしている〝霊〟について言われたのである。イエスはまだ栄光を受けておられなかったので、〝霊〟まだ降っていなかったからである。（新共同訳）

災いが終わるまでは、だれも神殿の中に入ることができなかった。（新共同訳）〕これはきわめて考察するに値することである。四つの活き物〔黙示録7・11〕とは、最も聖なるものであり、イエスに最も近い者たちである。ラビたちの言うことには、〔サウル家の一族出身ゲラの子〕シムイの呪い〔Ⅱサムエル記16・5以下〕をダビデが忍耐強く耐え徹《とう》した時にはこの四つの活き物の保護下に置かれたのだった。この活き物は、神の力の静かな、そして聖なる転回とともに聖性の光を発している。それは神の光の最も強烈な光から生まれた（エゼキエル書1・13、20—28）。その光は暗闇の雲の中から発した（エゼキエル書1・4）。[2] 死を耐え徹したイエスの復活が〈人間の〉魂と身体にこの聖性《ハイリッヒカイト》を直接分け与えた。そもそも聖なるものはマリアからのイエスの誕生に由来する。だからそれはマグダラのマリアのような悪魔によって住まわれていた人にも分け与えられる。イエスの霊は死の身体のなかにあること、それは罪の身体のなかにあるということであるが、そこに住まうことを恥としたまわない（ローマ8・10—11、ヤコブ4・5）。だからといって、人はわたしたちがこの地上にあっても聖とされてあり、この聖〔なる状態〕を常に保持し続けるべきであり、四つの活き物のように水晶のように純粋でなければならないなどと主張してはならない。イエスの聖性は、イエスの血により想像のおよばないあり方で分与されるのであり、こよなく尊い不可視の存在として、信仰により（Ⅰペトロ1・19）[3] 責任を付加して、また霊による生活に即して魂たちに対して分与される。だから神を信じる両親は彼らが聖とみなされることによってその子供たちも、たとえ片親が不信者であるにせよ（Ⅰコリント7・14）、[4] 聖いとみなされる。

二心の者たち〔心の定まらない者たち〕（ヤコブ4・8）というのは、さまざまな副次的な意図をこの世に期待する人たちである。このような人々は、自分たちなりの気に入っている主張であっても、それらを十字架の下に投げ込み、断罪することによって清められるべきである。こうすることによって、彼らは霊のもろもろの汚れを脱して聖とされる。これがペテロのいう「あなたがたの魂を、真理に従順になることによって清めなさい。肉にまとわっている汚物を除去することによってではなく、真理によって清められるということです」〔Iペトロ3・21〕。旧約では契約の民たちがエルサレムの祭りに出かけていって身を清めた（ヨハネ11・55）。イエスは御自身のところへ来る人々を、その何倍も多く

（2）（訳注）（エゼキエル書1・4）「わたしが見ていると、北の方から激しい風が大いなる雲を巻き起こし、火を発し、周囲に光を放ちながら吹いてくるではないか。その中、つまりその火の中には、琥珀金の輝きのようなものがあった。」（新共同訳）
（3）（訳注）（Iペトロ1・19）「不当な苦しみを受けることになっても、神がそうお望みだとわきまえて苦痛を耐えるなら、それは神の御心に適うことです。」（新共同訳）
（4）（訳注）（Iコリント7・14）「なぜなら、信者でない夫は、信者である妻のゆえに聖なる者とされているからです。そうでなければ、あなたがたの子供たちは汚れていることになりますが、実際には聖なる者です。」（新共同訳）

清めを分け与えたもうであろう！（Ⅰペトロ3・21、使徒21・24、ヘブライ1・22）。イエスは洗礼や洗足によって容易にそうなさった。こういう〔正しい〕手段が用いられなければならない。

（『聖書とエムブレムの辞書』309頁）

聖性（Heiligkeit）とは、隠された栄光（Herrlichkeit）であり、栄光は顕示された聖性である（詩編99編）。大祭司イエスによって朽ちることのない生命の力（ヘブライ7・16）が顕現されている。というのは、栄光と生命（ローマ6・4）は共在しているから。それはまたイエスに属する者たちにも分与されている。だから彼らは聖なるものである。（『聖書とエムブレムの辞書』313頁）

「あなたがたは、信仰のない人々と一緒に不釣り合いな軛につながれてはなりません。神を信じない人々と共有するどんな義があるというのか」〔Ⅱコリント6・14〕。分離主義者《ゼパラティステン》たちは、この言葉を自分たちが離れてゆく一つの理由にしている。テンハルト[5]もかつては狭い心をもっていたが、ついにはその心をまた広くされたのであった。わたし自身も狭い見解を心に抱いて、あちこちで主張しそれが正しいと固く信じていた。しかしそれは間違いであると知ってからは、塵芥のようにそれを投げ捨てた。ひとがそれほど激しく聖化を目指して迫ってゆかなければならないものかどうか分からないからである。わたしたちはただ愛のうちに留まっている時だけ、聖化へと次第に進んでゆくだけなのである。というのも、イエスの愛とその霊がわたしたちを聖ならしめるのであるから。わたしたちは水晶のように〔清らかそのもので〕あることをゆるされていない。(『生涯と手紙』375頁、62項目)。

(5)(原注)ヨーハン・テンハルト(Johann Tennhardt, 1661-1720)ニュルンベルクのかつら製造職人で神秘主義者として反教会的思想を主張し、講話や著作でそれを宣伝した。彼の主著『神のことばとすべての人間に対するイエス・キリストの最終警告と憐憫の声』は1710年に出版された。ベンゲルはそのいわゆる教養旅行の途上で彼を訪問し彼については良い印象を得た。

16　救いの確実さ

たとえ神が御誓いをもって、その御子の死をもってその御心を実証したもうたことが確実にせよ、いかに神がその人の思いを変え、信じさせたもうことが確実にせよ、また彼を襲う罪にもかかわらず、もろもろの罪の赦しや天の国の世継ぎの権利や正当性がどんなにその信者に確実であるにせよ、神を信じる者は、どんな機会であろうとも、神へ向かって、そして大祭司イエスに向かって逃げ場を得て御前にその場を保ってほしいものである。福音が常に変わらずに持続してほしい、福音が救いの完全な恵みを提供してほしい、あらゆる時に聖霊の油で強めてほしい、福音が、律法から、すなわち罪や死の残滓を誘発するようなすべての思想から外へ引き出してほしい。すべてこのように遺贈される財産の確実性を享受することが救いの本質をなすのであるが、この救いが、最初の人間の死がすべての人に〔事実上〕及んだのと同様に、さまざまな時代にすべての人に及んでほしい。聖霊によってすべての真理へと導かれる人は、神のすべての意図から離れることは少しもない。彼は確実にして、疑うことができない、反駁の余地のない、全く健全な認識をもつ。（「全集Ⅰ 第4巻」534―535頁）

魂のやすらぎ

わたしの心（Herz）は、はてしない海のように、それは嵐や大波も過ぎ去って今からは次第に生命の光のうちに晴れ渡ってゆきます。この心はその内的な根底では揺れ動くものは感じていません。今がその時だ、するがよい、軽々と、労苦することもなく、なしなさい、とだけ思っています。

わたしの神よ、無数の苦悩に対して人間の心は、いったいどうすればよいのでしょうか。自分の尺度や数え方でそれを測ったら、苦痛は幾重にも重なっていかざるをえません！　しかし、あなたが心に平安を与えてくださると、その時には、あなたがこんな瞬間にどんな光を送ってくださるのがつねであるのか、なぜそれが感じられないのか、などという想念すらもできなくなります。

（『霊的な歌』52頁）

17　祈りと祈祷

祈るとは神と協働する力を修練することである。神からは天の、また地上のあらゆる父性が流れている。祈るとは神と共に働くことである。イエスが「わたしの父は今にいたるまで働いておられる。わたしもまた働くのである〔ヨハネ5・17〕」と言われているからである。神はやむことなく働きたもうから、わたしたちも神と共に父の父性に近い者としてイエス・キリストによって働くのだが、彼はその力すべてを、自分を信ずる者とともに共有するおつもりなのである。（「全集I 第3巻」229―230頁）

祈りが天にある神の聖所に働きかけるためには、あなたがたはどのように祈ればよいのか、ということがここからわかる。さて何を祈ればよいのであろうか、という問いが生ずる。第一には神に関わることを祈るのである。〔次に〕あなたがたに関することを、〔すなわち〕糧のこと、試練、罪のことや、身体や魂のさまざまな禍のこと、結局は、主の祈り〔マタイ5・9―13〕のなかで模範が示されているように祈ればよい。イエスの御父への愛をもつ人は、神の御意志とともに働いてキリストとその共同体についての神の御心の実現をとりわけ切願するであろう。なるほどわたしたちは家庭内の事柄も願うことができるが、いつもいわば聞き入れられることばかりを期待するのではなく、イザヤ書54章6—17節に基づいて、それを神にお任せしなければならない。神は、将来に聞き入れることを実行に移すおつもりであり、それはやはり起こるであろう。(「全集I 第3巻」230頁)

あなたがた、神を信ずる人たちよ、世の中がどのように混乱の極みにあるように見えても、決して祈ることに飽きてはならない。イエスはわたしたちに「あなたの御国が来ますように!」〔マタイ6・10〕と祈ることを命じたもう。わたしたちはサタンの地獄の閂《かんぬき》を奪い、世間の妨害の数々や諸国民の狂った態度を取り除いてしまうことには何事もなしえない。とはいえ、それにもかかわらず、神が御自身の愛を最後にはその栄光《グローリエ》とともに勝利の歓声を挙げて目に見えるようにしてくださるであろうと信ずるならば、わたしたちが神の道にふさわしい思想をもつならば、わたしたちが冷たい世によっても生ぬるい者とはされずに、そのような燃える愛の炎が神にあると信頼するならば、わたしたちが聖書に違わずイエスの御国を思うならば、わたしたちが自分を分裂した諸状態から身を引き離し、真に神ご自身が、イエスの霊によって祈りのまことの喜びへとわたしたちを移植して、同時に神がその御国の御心を約束の言葉へと**一変させたまい**、わたしたちがその約束の言葉を〔共同の〕祈祷へと変えてゆくならば、その時こそわたしたちは何事をなすにせよ、それは偉大なるものの中へと、公的なもの

のなかへと進んでゆくのである。(「全集Ⅱ 第6巻」65—66頁)

ある場合には祈りは集会《ゲマイネ》の中で聖なる手を挙げてあちこちで、Ⅰコリント11章4節(1)のように、パウロが頭に物を被るという習慣を独特の規定としているような、通常の儀式とともになされる。この規定は集会にはなかったもの(16節)(2)で、明らかに祈りの際に頭に物を被ったユダヤ人のためのものであろう。また時には集会の外で、自分だけで、いずれの場所でも行われる。このような祈りについてはドイツ語新約聖書の付録にあるベンゲルの「心から祈ることについて」(3)とわたしの「詩編の新約聖書的使用についての序言」(4)を読んでほしい。怒りを抱くことなく、またあれこれ多くのことを忙しく思案することなく、祈ってください(Ⅰテモテ2・8)。霊によって祈るばかりではなく、心によっても祈るとよい(Ⅰコリント14・15)。このことについてはまたわたしの序言を見てください。霊によって祈るということが、心に(よって祈ること)と対照されている場合には、それ〔霊によって祈る〕は不分明な言葉で(音節が整えられずに)祈ることを言う。それはフーガ曲〔遁走曲〕をピアノで演奏したけれども、感覚や心情のなかにもまたドイツ語の楽譜のなかにも記憶されなかったら、後で演奏できないのと同じである。霊は言いがたい呻きをもって祈るが、〔霊の祈りは全的で〕部分的に働きかける意欲はもたない。とはいえ、霊〔の祈り〕は、心情(Gemüt)〔の祈り〕が馴染んでいる部分的なものの中に霊の最初の〔全的な〕衝動をもたらすことになるならば、それは隣人のためになるにちがいない。

人がエフェソ6・18やコロサイ4・2に基づき根気よく祈祷を続けるならば、それは神の御前につねにダビデがなすのと同一のものを捧げることになり、そのとき霊は心の中の言葉も働かせている。このようにしてダビデは〔霊にも心にも通じる〕自分の詩編を歌い上げたのであり、それはわたしたちにとって極めて益がある。(『聖書とエムブレムの辞書』72―73項目)

福音の約束を通して一度神の愛の心を注視した者は、絶えることなく自由な衝動から祈る。わたしたちの救い主は、祈祷そのものの人(詩編109・4)であったが、それでも弟子たちと共に〔祈りの〕賛

---

(1)(訳注)(Iコリント11・4)「男はだれでも祈ったり、預言したりする際に、頭に物をかぶるなら、自分の頭を侮辱することになります。」(新共同訳)
(2)(訳注)(Iコリント11・16)「この点について異論を唱えたい人がいるとしても、そのような習慣は、わたしたちにも神の教会にもありません。」(新共同訳)
(3)(原注)「シュヴァーベン教父の証言」Ⅳ巻 40頁以下を見よ。
(4)(原注)1748年刊。
(5)(訳注)(エフェソ6・18)「どのような時にも、〝霊〟に助けられて祈り、願い求め、すべての聖なる者たちのために、絶えず目を覚まして根気よく祈り続けなさい。」(新共同訳)
(6)(訳注)(コロサイ4・2)「目を覚まして感謝を込め、ひたすら祈りなさい。」(新共同訳)

歌の形式を語り合った。救い主が用いたようにわたしたちもまたダビデの祈祷の形式を用いることができる。しかしさらに良いことは、ダビデの形式とキリストの形式を二つながら保持し、神が行いなさい（zu tun）、あるいは受苦しなさい（zu leiden）と送ってくださるすべてをその主眼点へ向け、自分独特の表現を用いてそのような祈祷を生み出してゆき、時には記録してゆくことであろう。人に対して毎日行うべき、また忍耐すべきである出来事のすべてを通して、祈祷によって神に近づけられるほど高度の神秘はない。（『詩編の新約聖書的使用についての序言』３頁）

神に造られたものは、その生まれた源を求めるか、あるいはそれを求めないか、のどちらかである。神はすべての人間を、ご自身の源を感得させることによって導いて行く。「実に救いをもたらす神の恵みがすべての人に現れました。」〔テトス２・11〕創世記４・３〔―５〕によると、「カインは土の実りを主のもとに献げ物として持ってきた。アベルは羊の群れの中から肥えた初子を持ってきた。主はアベルとその献げ物に目を留められたが、カインとその献げ物には目を留められなかった。」とあり、はじめから人間の種類《ガットゥング》は二種類しかいないと語られている。

わたしたちが、これ以上に何か言う必要があろうか。「主を求める人々、その人たちの心は活きるであろう。」〔詩編69・33〕わたしはただ次のように問いたい「あなたがたの心は、神の内にまたイエス・キリストの内にそして神の言葉の内に活きているか？　あなたがたは最大の喜びをそこに持っているか、あなたがたはその最内奥があまりに広大であって、神の霊があなたがたの霊に対して証しするほど〔ご自身を低くされる〕であることに気付いているのか?」と。あの徴税人は義とされてその家へと帰って行った〔ルカ18・14〕。彼は直ちにはそれを知ることはなかった。しかしその義とされたことの実、〔すなわち〕聖霊が彼のうちに宿ったとき、はじめて彼は自分が義とされた天の恵みの印章として聖霊の内にあることを知ったのである。ただしパリサイ人たちの魂は、このことを何も知らない。偽善者たちは〔神の〕怒りに遭わなければ、神を呼ぶことはしない(ヨブ記36・13)。(7)

彼らは祈祷書によって祈るであろうが、彼らはそこに自分の心を見いだすことがない。彼らは祈ってはいても、その心はうぬぼれ、愚かさ、傲慢によって、あのパリサイ人の心(8)のように偽っているので、神のみ前に「カインの」実を携えてくることを恥としない。このような献げ物とは何であるか。エレミヤは3章3節で適切にも記している。「お前には遊女の〔厚かましい〕額《ひたい》があるのに少しも恥じようとしない。そして相変わらずわたしに『愛するお父様、わたしの若い時の親方《マイスター》さまよ、あなたはいったいいつまでも怒り続け、憤りを止めないのですかね』とわたしに叫んでいる」。この種の性悪のパリ

(7)(訳注)(ヨブ記36・13)「神を無視する心を持つものは鎖につながれていても、怒りに燃え、助けを求めようとしない。」(新共同訳)
(8)(訳注)ルカ18・9—14参照。

サイ人たちは、自分たちの〔習い性になった〕罪の内に居続けることができ、しまいにはキリストの恩恵と功績ですべてを覆ってもらえるように、とただ願っている。これに対して正直な魂たちは言葉を発すること少なく、祈祷とダビデの詩編に倣って心の中で叫び、恩恵を求めているが、彼らはまもなく神の像へと到達し、キリストの受難の究極目的を実現するであろう。(「全集I 第2巻」400―401頁)

目下、わたしたちはバビロンの流れのほとりに坐して、全被造物とともに空しい勤めに服しながらしわがれた声をあげている。しかしわたしたちが神の意志に真に服しているならば、何も失うものはない。こんな中でもひたすら毎日父の御名をもっとよく知ろうではないか。それはわたしたちがイエスの御名の威力をもって力強く祈るためである。最後の大きな試みに遭うときには知恵が必要である。この知恵とは何であるかを、わたしたちは聖なる啓示から学ぶことができるとはいえ、やはりこの知恵を力強く用いるためには、二人また三人の、否、実に幾人かの者たちが心一つにして祈祷を共にし、内なる祈祷と嘆願によって真理のうちに不断に聖化されてゆかなければならない。わたしたちの内なるキリストが神を誉め讃えるためにこのことをなしてくださいますように!

(「全集I 第4巻」289頁)

わたしの主にして贖《あがな》い主、キリスト・イエスよ、あなたに属する者たちにとって、あなたが地上で祈られたように祈ることは、何という甘美な、また愛すべきことでしょう。しばしばわたしたちは、どのように祈ればよいのか、分からなくなります。しかし、弱さの極みにあってもわたしたちの祈ろうとする心を、あなたは汲みとってくださいます。神の御名を聖とし、また地上でなさったあなたの業や言葉を思い起こし、それを繰り返すことをあなたの内で喜びながら、讃えることと感謝することに勝って気高い祈りはありません。わたしたちがそうすることに沈潜してゆくならば、決して何を祈ったらよいのかがわからなくなることはありません。わたしたちはあなたが地上であられたように、なりたいと願います。神を豊かに讃えて、地上でわたしたちが為さなければならない業の認識に富み、あなたにゆだねる心と信頼の心を満たすようにしてくださるならば、御父があなたを導き給うたようにわたしたちを導いてくださるでしょう。アーメン。

おお、神よ、あなたがイエスの血と死によってわたしたちと結び付いてくださった慈愛と契《ちぎ》りを思い起こしてください。それはわたしたちが新たな歌、新たな想いと新たな舌をもってあなたを讃えるためです。天と地・太陽・月と星辰・火・雹と雪・霧と嵐・寒気と暑気のそれぞれがあなたの御言葉を成し遂げ、あなたを誉め讃えるようにとわたしたちは呼びかけることができるのです。わたしたちがまっすぐな心で、真《まこと》の栄誉に向かってゆくならば、主よ、その栄誉こそあなたの内に在るものなのですから、どんな願いも、祈りも、人間への呼びかけも空しくはならないでしょう。アーメン。

ああ神よ、あなたの御前でわたしたちは何者でしょうか。わたしたちは惨めで、目は見えず、その耳は聞こえず、魂は黙しているのだとわたしたちの良心は自分に向かって言います。わからない事柄がわたしたちを支配していること、また肉が霊に逆らって、霊が肉に逆らって〔互いに〕闘っているのを感じます。イエスおひとり以外の何人《なにびと》もわたしたちのうちに平安をもたらしません。だからわたしたちは謙虚になってあなたに近づきます。それはイエスよ、わたしたちがあなたの傍《かたわ》らで、このように悪い自分たち自身に逆らって救いを求めることが神の御意《みこころ》なのですから。アーメン。

わたしたちが見境なく揺らぐ現状から〔導かれて〕生命の光に映える〔救いの〕足跡を自分の中に見いだす〔方法〕は、あの方の足下でだけ学べることである。この考えは、祈祷のなかで獲《え》られる。しかしわたしたちは相変わらず自分の両手の業《わざ》という自分で造った軛《くびき》に引かれている。それは実は知恵が逃げてゆくようにし向けていることなのです。

自然がわたしたちに与えてくれたものであり、それにたずさわり労働に苦労してかなりうまい状況になったものも、遅かれ早かれ、神の御前ではすこしも通用しないものとなってしまうこと、自分で探し見たことが最後まで否定されてゆき、過ぎ去ってしまうことは、自分の生命には何という驚きと恐ろしさであろうか！

しかしわたしたちが自らを無として打ち砕き、自分自身の見方を憎み、神の光の審判によって自分の全思考を審理してもらうならば、ああ、いかに事態は明らかになってゆくことか。〔聖書の〕剣の言葉がきわめて真実であるので、それは魂と霊とを切り分け、いかなる思考も滞《とどこお》らず、急ぎ立ち去るほどである。

来てください、十字架に付けられ〔脇腹を剣に〕貫通された愛よ。わたしはあなたを渇望して見つめます。わたし自身が見いだすことができない新しい衝動を与えてください。書物で学ぶ言葉も、また内的な光もそのような賜物は知りません。人が神の奇跡だと称えるあなたの方法でこれを与えてください。

わたしの心の内部にあるあなたという戸口を通って、わたしをわたしの内に引き入れてください。わたしの霊は、言葉にならない言葉によって、産もうとしております。わたしが子供であるとは、どういう意味か、教えてください、いや、わたしがあなたの御前では一匹の動物のようであることを教えてください。わたしはまだそこまでも至っておりませんが、すべてをささげてそこで生きたいのです。

(『霊の歌』57頁)

18　イエスの復活

わたしたちはこの〔復活という〕高次の言葉をとても論じ尽くすことはないであろう。イエスは、〔ラザロの姉妹〕マリアに「あなたの兄〔ラザロ〕は復活するであろう！」と言われた。「はい、〔終末の〕最後の審判の日の復活の時には」と彼女は答えた。イエスは〔あからさまに〕言われた。「そうではない。すでに今である。わたし自身が復活であり、生命であるからだ。」彼は加えて言われた。「わたしを信じる者は、たとえ死んでも生きるであろう。そして生きてわたしを信じる者は、決して死ぬことはないであろう」[1]。これはすなわち、人は死の辛苦を〔中心の〕心臓部にまで引きずっていくことはないであろう、その人はわたしによってまたわたしを認識することによって死の辛苦に打ち勝つであろう、ということである。イエスはまだ熟達の極みにはない女弟子〔マリアの姉妹の〕マルタの方には、〔あからさまにではなく〕あなたはこれを信ずるか、とお尋ねになった。彼女は自分の信じることができる限りを尽くして正しくこれに答えたのであった、「あなたは神の子です！」〔ヨハネ11・1―27〕と。

この箇所に何を信じるのであるか、という〔問いの〕すべてが関わっている。

マルタが信じたのは、イエスが復活の力であり、生命そのものであることを信じたのであり、未だイエスが死んで復活を果たす以前であったのに、イエスは単に人の子（des Menschensohn）であるばかりではなく神の子（Gottes Sohn）であるのだから〔復活の力であり生命そのものであると〕信じたのである。彼女は、イエスは全てをみずからの中に持っていると信じた。その全てをとは、彼が現在の、また将来の復活のために要するすべてのことであり、言い換えれば、彼が彼特有の神的な力によって引き出すすべての肉や霊の道具のことである。復活について同じように信ずる者は、初めからすでに十分信じており、またイエスが御父の御前で、証しているのと同様の畏敬の念を、御子の御前で証しているのである。ただし、このように信じている者は、前もってすべてが理解できているわけではない。

マルタがまだ知らなかったのは、イエスが死の苦難を通して復活の〔大困難〕を成し遂げなければならないことである。それでわたしたちはイエスの言葉も使徒たちの言葉も、はるか遠くまで見通している言葉であることを初めのうちに理解しなければならないのである。〔初めのうちに理解してキリストの十字架の苦難を経てやっと〕その後でわたしたちもパウロのように未来の復活についてのすべて

（1）（訳注）以上の記事はヨハネ福音書11・1―44参照。

の秩序を深く洞察するようになる〔ことをわきまえなければならない〕（Ⅰコリント15章）。
マルタは実に神の子の大声「ラザロ、出て来なさい！」〔ヨハネ11・43〕が彼女の兄弟ラザロの身体の中に突き入ったときに事実上そうであることを経験した。〔こうした経験によるのではなく〕自分の解釈的規則によって世が復活の確実性に要求する同等の明瞭さを引き出すことができると思っている人たちには、神はほかならないイエスの最も深い秘密を隠してしまわれる。彼らは人間からの誉れを求めているにすぎない（ヨハネ12・43）。[2] まず人は最初に「永遠の生命のみ言葉をもつのは、あなたです」〔ヨハネ6・68〕と〔真っ直ぐに〕信じなければならない。ここからまず真実の霊的理解が起こって来る。この理解を通して解釈的規則がやっとその真の価値を発揮するようになる。

こうして「再生する（ギリシア語で anagennao）」という言葉が受け入れられなければならないのだが、この言葉は〔イエス時代にすでに用いられていたギリシア語訳旧約聖書で「70人訳聖書」と呼ばれる〕セプタギュンタの中には一度も使われなかった言葉であった。キリストだけがさまざまの誕生の最内奥の秘密をその独自の死を通して開示したもうたからである。anazoo〔「生き返る」意のギリシア語〕（ルカ15・24「死んでいたのに生き返り、」黙示録20・5「千年たつまで生き返らなかった。」編集注参照）も同じ方向に属する言葉である。イエスの復活は真の誕生なのである。というのは、このとき天に属するものは上に向かって飛翔したが、キリストの肉はそれにもかかわらず肉にとどまったからである。ある存在が延展[3]（Ausrollung）だけするのではなく、その部分を変態させる（Umgestaltung）ことによって、それ以前にはなかった存在となるとすれば、それは誕生にほかならない。だから使徒言行録13章33節の「わたしは今日あなたを生んだ」は復活のことをいう。この復活によりすべての魂の新生に至る根底が上昇してきた。だからペテロは、「神は〔主の〕復活によってわたしたちを新たに生まれさせたもう」と言う〔Iペトロ1・3参照〕。今やわたしたちは信仰による〔霊的な〕心《ジン》の変革を通して新生を受容するのをゆるされている。ダビデの時代に詩編第2編が創られた日は、使徒行伝13章の手本となるような現実の赤子のお産がダビデの家族に起ったのであろう。

わたしたちの目は甚だしく近視眼的なので、〔復活についての〕パウロの諸見解の大海のような豊饒さを、見渡すようなことはわたしたちが仮に内的な照明をいただいていたとしても、とても不可能である。第一に復活は神の生産力に由来することは確実である。だから神はキリストを死者たちの中からよみがえらせた（エフェソ2章）と言われている。イエス・キリストは「だれもわたしから命を奪

（2）（訳注）（ヨハネ12・43）「彼らは、神からの誉れよりも、人間からの誉れの方を好んだのである。」（新共同訳）

（3）（原注）エーティンガーはその著『聖書とエムブレム』で進化（展開）とともに「延展」Ausrollung という言葉を説明している。「誕生」の項235頁以下では「当節では前成〔前もって形成された〕説の教師は一種の延展（進化）を仮定しようとしているが、これは前もって形成された部分が拡大すると言っているに過ぎない。その最内奥には不可視であるとはいえ幾千の誕生が先行しているのであって、それはまた水と霊による生まれ変わり Wiedergeburt のうちの真理の言葉によって行われている。」

い取ることはできない。わたしは自分でそれを捨てる。わたしは命を捨てることもでき、それを再び受けることもできる。これは、わたしが御父から受けた掟である」（ヨハネ10・18）と言われたが、実はこの言葉にも関わらない。〔イエス・キリストの〕この言葉にもかかわらずどこであっても御父の力がその上位に立ちたもう。御父はイエス・キリストの御父である。それはおよそ父権《パトリア》が御父に由来するのだからというだけではなく、イエスの誕生の際の母体におられたその初めから死に至るまでもずっと御父が働きたもうたからである（詩編139編）。わたしたちは御父が静かに活動されるのでそれに気づかない。神はその御生命をご自身のうちに受容したイエスが、その苦難と死の後には特別に復活の力をわがものとなすようになされた。だからⅠコリント15章によればすべての死者たちの復活はキリストの復活に依存する。というのも、「死が一人の人によって来たのだから、死者の復活も一人の人によって来る」〔Ⅰコリント15・21〕からである。このことは、永劫《アイオーン》にわたって延長され、神がその御業を完成され、神がすべてのすべてとなりたまい、究極の敵の死を滅ぼすまで持続する。

ところでパウロはⅠコリント15章35節で言う「死者はどんなふうに復活するのか。どんな体で来るのか？」と。そう問う人はあらかじめ種子を観察しなさい、種子に注意をむけないような人は、うっかり者《アフローン》であると彼は答える。「あなたの蒔《ま》くものは、」と続けて言う「死ななければ命を得ないではありませんか。」

死ぬものも、はじめは生きている、死ぬとは命を覆っているものが去ってゆくのにすぎない。ごつごつした莢《さや》がはがれてゆく。このように〔背後で〕駆り立てながら〔植物を動かして〕命を与えている実在はどのようなときにも存続している。小さな塵をも形にするもの、花々を〔それぞれの形態へと〕もたらすものこそ、これである。このことをわたしはメリッサ〔セイヨウヤマハッカ〕の油を用いた化学実験によって証明できる。地から抜いた〔メリッサの〕莢《さや》をレトルトの中に入れておく、形成する力をもつ油は一種の精として素材の物質がなくとも変化する。(4) この実験がすべての人を納得させるに足

(4)（原注）このことについてエーティンガーは次のように報告している。「わたしがまだテュービンゲンの近郊ヴァルトドルフの牧師だった時、秋の季節に大変たくさんのメリッサをある人が贈ってくれた。わたしはそれを屋根裏の日の当たらない床の上に置いていた。その場所はまだかすかな温かさが残っていた。冬と春が過ぎてもそれはそのまま動かさずにあった。夏になってそれは全く乾燥したので、それを切り刻んで、レトルトのなかで水を注いでみたいという好奇心がわたしに起こった。水は酵母ができるくらい多量に注いだ。〔その液体を熱して気化させまた冷やして液体とする〕蒸留をして大きな容器へ移した。水分はすべて気化して、その後容器の三分の一を満たした。水を気化させた同じ火で温めるとメリッサの黄色の油が出現し、メリッサの葉の形をして水上に浮かび漂ったが、それはたいへん美しく、メリッサの葉のすべての葉脈がきわめて鮮明に認められ、妻には長い間それを指摘したほどであった。油は混乱させることなく多数のメリッサの葉を出現させたのである。ただし緑色ではなく、黄色であって、好みとひどく合わないというほどではなかった。このようなことからブールハーフェ〔1668-1738〕が別の方法で実験したが、このような形態ではみられなかったものを

りるものではなくとも、パウロによる（ローマ8・22）とすべてのもののうちに潜んでいるある種の先端を切って〔成長して〕ゆく感得《ゲフュール》やその標識ともいうべきものは、第一義的本質を回復しようとし、また虚栄もしくは空しい労苦から解放されようとする隠れた憧れや渇望の内にこそその本源をもつのである。パウロは普段〔その本源を見出せないで〕怠惰で、うかつで、何ら心情をもたずに健全に自分の内部を見ることがないような人であっても、そういう人がみな属するその標識を〔得てほしいと〕平信徒に要求している。

身体《からだ》（Leib）は二様の性質をもつ。すなわちごつごつした莢《さや》でもあり、霊的な身体へと育つ素材でもある。後者は早くも形成する生命の霊に包まれるが、地に蒔かれるとそのままの姿を続ける小さな塵の身をまた引き受けもする。このくらいは我々でも思いめぐらすことができるが、ヨブもまたこれを証している（ヨブ記17・16）。自分の身体のことをヨブではMinläh と言う。だからパウロはＩコリント15章〔27節〕で言う。「あなたが蒔くものは、後で創られる身体ではなく、ただの穀粒です」。つまり基本素材には属さない外側の被膜にすぎない。神はこの基本素材から欲したもうままそれぞれの〔穀粒に〕その身体を、またそれぞれの種子にその身体を与える。〔神の与える〕霊的な、微妙で緻密な身体は自然の身体の内に隠されている。しかしそれは神の復活の力がなければ出現することはなく、その力についてわたしたちはほとんど何も知らない。キリストがすべての事物を従わせたもうことにより、わたしたちはその御働きの側にとどまっている。ただエゼキエル書37章9―10節が示すところでは、〔殺されて〕塵となったものどもが主の御言葉により四方からの霊風に吹かれて集結したこと、イザヤ書26章19節（「あなたの送られる露は光の露。」編集注）では復活で生じる露が光の露となることが注目される。

原状回復（Palingenesie）のときには人が塵灰の中から花々をよみがえらすので、賢者たちにも深く理解が得られるし、ヨブもまたコルトラセウス Cortolassäus およびその他の賢者たちが週日の6日の叙述で書いたものをよく理解していた。(5)

しかしそれでも神の復活の力の秘密にやはり参入できるなら、わたしたちはそれがわかるというのではなくて、静かな畏敬の念をもってその力をあがめなければならない。神はいつの日か、さらにはるか

わたしは実際に発見した。植物中の oleum primi generis（根源的な油）が容易にさしあたって植物から〔Iコリント15・21〕抽出されたのであるが、その植物が湿気と結合し、気化して、油は〔純粋ではなく〕混合してのみ抽出されたのである。これらのなかにわたしはこの油の形成的成長力を見て、この力が疑いもなく植物全体の成長をつかさどり、本来的な意味での植物の本性を内に含んでいると見たのである。だから、灰塵の中からの regeneratio platarum（植物の復元力）はこのような油状の、より普遍的な精から生まれ出てくることができる。

（エーティンガー『古代人の哲学』より）

（5）（原注）創造の〔6日〕の出来事の錬金術的叙述ないしは描写のことで、それらはエーティンガーによって発刊された『教父自然学』（1772）に書かれている。

後に被造物の隠されたことどもをあらわしてくださるそのときまで（ヨブ記19・25—27「私は知っている。私を贖う方は生きておられ、後の日に塵の上に立たれる。私の皮膚がこのように剝ぎ取られた後、私は肉を離れ、神を仰ぎ見る。この私が仰ぎ見る。ほかならぬ私のこの目で見る。私のはらわたは私の内で焦がれる。」編集注）そうすべきである。（『聖書とエムブレムの辞書』42—48頁）

キリストの復活によって新たな力が、そして新たな運動が、この世にやってきた。それはパウロが「わたしたちは、神の内に生き、動き、存在する」という創造の運動と、「見よ、わたしはすべてを新しくする！」と言われるかの〔終末の〕日との間の中間の運動である。この中間の運動は常に存続し、神を信じる者たちはこの運動のうちにそれが自分らの元素の内にあるごとく生きるのだが、それは自然の人間が知らないにもかかわらず、早くも空気で生きるのと同じである。この運動がキリストの栄光であり、これについては使徒たちが縷々《るる》語っている。彼らは実にほとんどすべてのことをキリストの復活に還元しており、またパウロはキリストとその復活の力を理解することをとても切望している。この運動は自由に溢れている。それは恩恵であるから。それは、キリストの功績と全く同じほどのもので、先頭へもしんがりへも働くのであって、それで旧約聖書の信者たちもこの運動を知っている。運動という言葉は聖書的な意味ではヘブライ人への手紙12章26節「もう一度わたしは地ばかりでなく、天をも動かそう〔おののかせよう〕」である。この3つの運動は究極的には一つの運動となる。死んだ主が生きたときから、すべてのものが別の仕方で存在し動くからである。（『生涯と手紙』384—385頁）

あなた、永遠の愛よ、あなたは永劫にわたって復活のときを待ちたもうのです、今や、それは起こりました。今や、あなたは山々も岡をも呑み込んでゆくでしょう。あの岩壁が崩れ散ったとき、あなたが最後の叫びを甲高《かんだか》く十字架で発せられたとき、そのときから、この地上で新しい歌が始まりました、そのとき大地が振動したのです。わたしたちの心もまたあなたに向かってあなたの復活についての新しい歌を喜びのあまりに歌わせてくださいますように！　アーメン。

ああ、永遠の神よ、星辰の天を観察することは結構なことであります。とは言え、それは遂に戦慄に至るのです。というのは、見えてくるのは、わたしたちは自分が無と有との間に懸かる一介の塵にすぎないということですから。これほどの数さえ知られない膨大な塊《かたまり》のなかにあってあなたが私たちのことを忘れないでいるとは信じられないことです。しかしイエスの復活によってわたしたちは天上の全く別の見方を学びました。ああ復活された救い主よ、あなたに感謝いたします。あなたは永遠の神を父なる神としてわたしたちに認識するようにしてくださったのです。あなたのもとへわたしたちをお導きください、あなたが居られるところでは、わたしたちは星辰の間の不安定な場所ではなくて、再生した者としてあなたの聖所にいるのです。アーメン。

19　第一の復活と一般の復活

わたしたちがキリストの復活について全く本来的な意味で納得しているならば、そのときにはこのキリストの認識がキリストの復活のあらゆる作用を洞察することを容易にしてくれる。すなわち第一の復活と一般の復活およびこれについてのあらゆる難しい聖書の記事、実にまた最も卓越した自然の諸現象について〔の認識を容易にしてくれるの〕である。しかしさらに重要なことはわたしたちが彼の復活および彼の生命に与かり分け与えられる《タイルハフティッヒ》ことであって、このことは生命の法則、すなわち生命がそれに則って伝承される《ミットゲタイルト》法則を知ることよりも勝っている。前者は純粋な恵みの業であるが、後者は自然が欲求するところでもある。だからキリストはわたしたちの知恵であると言われる。キリストはわたしたちが彼の復活に与かり分け与えられることを望んでおられる（傍点は訳者）。わたしたちが第一〔の人々の復活〕に与かる者ならば、それだけ彼の気にいるのであるが[1]、そういう第一の者でない場合でも生命の書に名が記されているならばやはり十分である。この点だけでもすでに高次の恵みである。それにもかかわらず、ことの全体をよくよく考えてみれば、わたしたちはもちろん第一の人々の復活〔に与かること〕を頼りに努力してきたわけであり、そうでないとそれとは異質な死がとにかくまだ若干の権利があるとしてわたしたちに向かってその権利を行使しようと構えるからである（黙示録20・6「第一の復活にあずかる者は、幸いな者、聖なる者である。この者たちに対して、第二の死は何の力もない。彼らは神とキリストの祭司となって、千年の間キリストと共に統治する。」編集注　同2・11「勝利を得る者は、決して第二の死から害を受けることはない。」編集注）。

第一の復活に与かる人々はどういう種類の人であるのか、これは黙示録15章2節に述べられている。彼らは獣《けもの》に勝ち、真理を素直に告白することでかかってきたすべての獣の迫害に打ち克つ。死も生も天使も支配も現在のものも未来のものもキリスト・イエス、彼らの主にある神の愛から、わたしたちを引き離すことはない（ローマ8・38）。死後彼らはガラスの海のほとりに立ち、神の竪琴を手にして（黙示録15・2）七つの鉢から〔黙示録にある事物の〕注がれた後に神の宮の中に入るのである（黙示録15・5、8）。彼らはすべての裁きが終えられたあとに（黙示録19・2）神を、そこに存在する神を讃え

（1）（訳注）（黙示録20・4―6）「わたしはまた、多くの座を見た。その上には座っている者たちがおり、彼らには裁くことが許されていた。わたしはまた、イエスの証しと神の言葉のために、首をはねられた者たちの魂を見た。この者たちは、あの獣もその像も拝まず、額や手に獣の刻印を受けなかった。彼らは生き返って、キリストと共に千年の間統治した。その他の死者は千年たつまで生き返らなかった。これが第一の復活である。第一の復活にあずかる者は、幸いな者、聖なる者である。この者たちに対して、第二の死は何の力もない。彼らは神とキリストの祭司となって、千年の間キリストと共に統治する。」（新共同訳）

るであろう。しかし真理のために死を耐え忍んで神の僕と呼ばれる人たちで、第一の復活に与かる人々だけが輝いて見えるのではなく、神を畏れて、低い序列の福者たち〔傍点は訳者〕で小さな者も大きな者も、子供たちも成人した者も、輝いて見える（黙示録19・5）。[2] これらの人々すべてが絹のように輝いた透明の衣裳《いしょう》を身にまとい、子羊の婚姻の準備をする（黙示録19・8）。だから彼らは自分たちの肉体を再び得たわけである。しかし第一の復活に与からない人々は幾千年後にやっと天の聖なる生活に到達する。彼らは第二の死を甘受しなければならないか、もしくは、その力がどんな性質のものかは別として幾分か第二の死のもとに支配される。

ここでの第二の死は狭義の意味ではない。（黙示録20・14のような）火の海として理解されるものではなく、広義の意味での死である。すなわち、それはある種の焼尽として死の状態に似ているさまざまの状態と解されなければならない。幾人かの人にとって死は眠りであろう。その他の人たちにとっては自分の内にもつ生の原理の他の状態への移行である。この点では無数の差異があるのだと思う。若干の人々は黄泉《よみ》〔地下〕の国におり、その他の人は死〔の国〕に、また別の人は海にいる〔黙示録20・13〕。[3] しかし彼らはひょっとしたら生命の書の中に名が記されているかもしれない。だが彼らの身体は後に来る復活のときにはじめて得られることになるであろう。とはいえ、この人々はダニエル書12章2節[4]やイザヤ書66章24節[5]による復活したとき恥辱や憎悪《デラオン》を受けるあの人々と比べれば彼らには大きな差があるだろう。あの人々は本来的な意味でキリストの復活の力を受けて復活するわけではなく、ゆがんだ圧制的な状態の中に存在する自然のある種の法則によって息を吹き返すのであろう。大地があまり早すぎて生まれてきたものを流産させるように、彼らを振り払って第二の死へと投げ込むであろう。(『生の理念に導かれた神学』409―411頁)

(2)(訳注)(黙示録19・5)「また、玉座から声がして、こう言った。『すべて神の僕《しもべ》たちよ、神を畏れる者たちよ、小さな者も大きな者も、わたしたちの神をたたえよ。』」(新共同訳)

(3)(訳注)原文には(黙示録20・15)とあるが、(黙示録20・13)の方が文脈上適切ではないかと考えられるので、後者を示す。(黙示録20・13)「海はその中にいた死者を外に出した。死と陰府《よみ》も、その中にいた死者を出し、彼らはそれぞれ自分の行いに応じて裁かれた。」(新共同訳)

(4)(訳注)(ダニエル書12・2)「多くの者が地の塵の中の眠りから目覚める。ある者は永遠の生命に入り、ある者は永久に続く恥と憎悪の的となる。」(新共同訳)

(5)(訳注)(イザヤ書66・24)「外に出る人々は、わたしに背いた者らの死体を見る。蛆《うじ》は絶えず、彼らを焼く火は消えることがない。すべての肉なる者にとって彼らは憎悪の的となる。」(新共同訳)

20　審判・地獄・万人の救い

万人が審判される時期や場所がある。その人のすべての業《わざ》は神には初めから知られているのであり、神は早くも〔その人の業《わざ》の後〕審判が続いてなされなければならないことをあらかじめ知っておられた。ところで神は事実慈悲に富んでいる御方だから、その惨めな被造物に対する罰を免除されるにちがいない、イエスが多くの惨めな者や悪魔に憑《つ》かれた者を健全な者になさったのと同じように、神が彼らを滅びから救い、健康になしたもうならば、それで十分ではないか、などと人は考えるかも知れない。しかし、〔この考えは〕神がその独《ひと》り子を容赦することが出来なかったことには沈黙する。神がご自身の御子の言葉をお聴きになり、御子が神の怒りの盃を飲み干す必要がないように為し給うことをよしとなされたとすれば、悪魔は自分の用いるあらゆる道具を介してこれまで神を侮辱してきたのであるが、そういう辱《はずかし》めでさえ、水にながし手打ちで終結するのは当然だとひとはすべての裁きをみてからそうみなすであろう。しかもそれ〔裁き〕はいわゆるJus talionis（報復バランス法）の原則によって、すなわち因果応報のバランスを通して生起しなければならない。そうなると、サタンであれば彼らは終わることなく冒瀆《ぼうとく》し、贖《あがな》いの業《わざ》を非難するであろう。

だからこそ怒りの〔七つの〕鉢が地上に注がれなければならない〔黙示録16・1以下参照〕。だからこそ火の湖が神とその子羊の目の前に具象的《ケルパーリッヒ》に出現しなければならない。煙が永劫にわたって立ち昇らなければならない〔黙示録19・20、21・9参照〕。今や神を信じない者たちの不安そしてとてつもない愚かさが極大となり、その後彼らは最後の審判の日から始まる火の裁きによって罰せられるが、火の中で彼ら自身何を感じるのであろうか！　彼らは以前から〔現世で〕湧き上がる戦慄と苦痛の幻想とを呼び起こす誘因となるすべてのものに加えて、彼らの悲惨さを裁くために審判の火とバランスをとる（その火に応じられる）新たに着せられた〔霊体をではなく〕肉《フライシュ》のあり方をもって、彼らは何を耐え忍ぶであろうか！　不信という以前〔の地上で〕は何ものとも思わなかった罪に対してその火は走り追いかけ、第二の死が彼らを苛《さいな》むようになれば、すべての罪がその正当な報いを得ていることなのである。

地獄に落ちている魂たちもそれぞれ独自の不壊《ふえ》の身体を持っているが、しかしその中に生ける塩を欠いている。イエスは地獄（マルコ9・43―50）を蛆《うじ》虫が死なず火が消えない場所として描いているが、そこは汚れた身体の中に魂が蛆虫のように永劫に安らぐことなく蠢《うごめ》き伏しているから復活した聖徒たちにとっては嫌悪の念をおこさせるであろう。魂が死なない蛆虫である。それは蛆虫という軽蔑的な名称を付けられている（詩編22・7）。(1) なぜならそれは神の塩であることから発するその栄光を失い、今や自分自身のうちに描きようもないほど安らぎのない火のように動くほかないからである。その火は燃えても灰塵《かいじん》にはならない。なぜかと言えばそれは神の火という永遠の根底からはみ出てしまって、生ける塩という油をもたず、聖霊の火をもたないからである。

神を信じない者は苦痛を受け、それは永劫の破壊、つまり神が一定の持続期間のあいだ身体と魂の諸力を分裂させたままにしておく永劫の腐敗〔滅び〕であろう。不信者たちの最大の苦痛とは栄光を遥かかなたから見ながら、味わうことができないことであろう。最大の苦悩は神の都の内や外で、子羊や聖徒たちや祝福された者たちの顔を目の当たりにしてこの苦痛を受けることであろう。だからⅡテサロニケ1章9節には「〔彼らは〕主の面前から退《しりぞ》けられ、その栄光に輝く力から切り離されて」と言われている。というのも彼らは肉的な喜びに惚《ほう》けて、肉の中で変容を遂げたイエス・キリストの栄光に輝く力については何事も知ろうとしなかったのであるから、彼らはいかにひどく自分たちの無知によって真理を軽蔑し真理に不従順であったか、その結果最大のこと、すなわち愛に欠けていたかを感じて、次第に一つ一つ認識してゆかなければならないからである。そのわけは彼らが自分自身のみを愛してキリストの四肢を愛さなかったからである（マタイ25・42〔―43〕）[2]。ところで不信者への様々な耐え得る罰を受けて彼らが神の慈悲をみるであろうことは真実である。しかし、神の国の栄光を遠方から見て、彼らが火による苦痛（黙示録14・10―11）を受け、自分を呪われた者として見なさなければならず、「わたしから去りなさい、呪われた者どもよ、永劫の火の中に投げ込まれよ、この火は本来君たちのためにではなく、悪魔とその天使たちのために、備えられていたものだ。君たちは自分自身を呪ってわたしの祝福から自分を追放したのだ。君たちはわたしの哀れな兄弟たちに無慈悲を行い、彼らに対して心を閉ざしたからなのだ。君たちの心は日々の愛に冷たくなってしまったのでその報いで永劫の火と寒さで罰せられることになった」とあの方が言われたとき、かの富者と共に何らの〔慰めの〕しずくを自分たちの舌に受けることができないことほど彼らにとって手痛いことはないであろう。ルカによる福音書13章28節には、「あなたがたは、アブラハム、イサク、ヤコブやすべての預言者たちが神の国に入っているのに、自分は外に投げ出されることになり、そこで泣きわめいて歯ぎしりする」とある。

人はダビデと共に「あなたは、恐るべきかたです。だれがあなたの御前に立ちえましょうか」〔詩編130・3〕またパウロと共に「生ける神の手に落ちるのは、恐ろしいことです」〔ヘブライ10・31〕と言わなければならない。そう告白するうちに、この「恐ろしさ」は「神は愛そのものです」ということを

（1）（訳注）（詩編22・7）「わたしは虫けら、とても人とはいえない。人間の屑、民の恥。」（新共同訳）

（2）（訳注）（マタイ25・42—43）『お前たちは、わたしが飢えていたときに食べさせず、のどが渇いていたときに飲ませず、旅をしていたときに、宿を貸さず、裸のときに着せず、病気のとき、牢にいたときに、訪ねてくれなかったからだ。』」（新共同訳）

否定することができるわけではないし、神にとって怒りは異質なものであり、ダビデが言うように愛に比すれば神の怒りは一瞬の間持続するだけだと考えざるをえなくなる。ところで神は愛であるから神は罪に対する裁きも、その罰がどのように恐ろしいものであっても、神が地獄で身体と魂を分離させて滅びに至らせることがどのように厳格な響きがあろうとも、滅びの苦悩の煙が立ち上り、ソドムの煙のように永劫から永劫へと今日にいたるまで昇るように、永劫から他の永劫へと持続し、恐ろしく聞こえようと、やはり地獄の罰は耐えることができるに違いないように準備してくださり、彼らも火が食い尽くす苦痛をわたしたちのように感じなくなるようになるであろう。というわけは、彼らの身体が燃え尽きてしまわないで、考えを復帰させることができ、その膝を曲げ、イエス・キリストは主であり、父なる神の御栄であると告白することが可能だからである。もしそうでないとしたら聖書の中にダビデの「主よ、あなたのすべての御業があなたに感謝するでしょう」〔詩編145・9、詩編150参照〕との言葉は書かれていないはずで、あまりにも恐ろしい地獄の描写を和らげさえすれば十分だということになろう。〔否、しかし〕すべてのものが、この〔ダビデの告白の〕方向へと目指して走り、もろもろの永劫の裁きの後に、ついにすべての創造物が「御座に座したもう者と子羊に永遠から永遠に誉と栄と栄光と力がありますように」〔黙示録4・11参照〕と言わなければならない。だから罰はなるほど恐ろしいのではあるが、人が考えるのとは全く異なって地獄の中では焼尽《フェルブレント》されるのではなくて、熔解《ツェルルスト》されるのであり、あわれな被造物もなおそれに対して感謝できる。聖書が述べている通りで、人は事態が無際限に続くと考えてはならない。というのは、これらのことが神の裁きについて新約聖書の正しい本当の根本的仕組み（die rechte und echte Grundbildung des Neuen Testamens von den Gerichten Gottes）であり、聖書に反対するすべての主張に対抗して、十分恐ろしい裁きが遂行された末には、すべての人が神にその業を感謝するであろう、とわたしは叙述したい。

これらは、先走りの機知でなく、余計な教義でもなく、わたしたちがイエスの栄光のため、かつ新約聖書の本当の理解のために信じ、またすべてのわたしたちの業と一致し証ししなければならない事態《ザッヘ》なのである。すなわち審判を受けるすべての人がまた各人が、審判を耐え忍んだ後には自分たちへの罰に対して神とその子羊に感謝し、また、その義を認めるということである。わたしたちの教会のなかでは、なるほど地獄の罰は終わりがないと確信をもって教えられている。しかしこれは永遠という言葉の誤解から生じ、次第に世の中で教義となってしまい、現実的にも新約聖書に根拠をもつものとなったのではないかという疑問が出て来る。この点ではあなたはもちろん（神学の）教師たちの、教会の、世のすべての偏見的主張から離れて心を空しくして、理性を用いて世のすべての命題に対して死ななければならない。そうしてはじめて永遠の罰を扱っている聖句の双方に当てはまる説明を想い測ることができよう。ペテロはイエスの口から言われた極めて短い明瞭な説明をあなたに与えている（Ⅰペトロ3・19「霊においてキリストは、捕らわれていた霊た、ちのところへ行って宣教されました。」編集注　4・6「死んだ者にも福音が告げ知らされたのは、彼らが、人間の見方からすれば、肉において裁かれて死んだようでも、神との関係で、霊において生きるようになるためなのです。」編集注）。イエスは死者たちに福音を告知された。彼らは人間的な仕方で、すなわち2、3、4、5重の裁きをうけて、その後には神らしい仕方で〔裁かれて〕不死の精神の中に生きるようになる。このことは極めて明瞭に、ダビデの言葉〔主よ、造られたものがすべて、あなたに感謝しあなたの慈しみに生きる人があなたをたたえ……〕（詩編145・10）と一致しているので、あなたはもっと不明瞭なすべての聖句でもこのことに沿って正しく判断できる。

廃棄《アウフゲホーベン》される究極の敵は死である。カバラー学者たちがklippot, cortices（外皮、籾殻）と言うのであるが、これは被造物のうちのすべて秩序を乱すものを言う。〔終末には〕死からはその棘が抜かれるし、〔そして殻や皮は棄てられ〕るからである。そういうわけですべて罪と呼ばれるもの、すべて悪魔の業は順序正しく継続する永遠の誕生によって必然的に破壊されてしまわなければならない。神の無限性によって罪の無限の罪責性が帰結するというのは、頭脳の中だけの幻影であり、そういう幻影は無数に生ずる。神のすべての業は限りない《ウンエントリッヒ》ことには違いないであろうが、それは神の恣意によってなされるのではなく、神の本性の必然性によってなされる。それは荷馬車の御者が自分の馬をもはや止められなくなったというようにではなく、馬の走るままにまかせておいて間違いないという仕方である。しかしこんな言い方は神意の〔無限の〕ご好意についての理解としては失礼千万であろう。（『生涯と手紙』151―157頁）

21　新しいエルサレム

聖なる〔ヨハネ〕黙示録の第21章では、新しいエルサレムがすべて象徴ではない形で明瞭に叙述されている。この都市の叙述は、その言葉が語る通り、完全に具体化されたまま美化することなしに受け取られなければならない。この都市の広さも1028ドイツマイルでそれはパレスチナからイタリアまで達している。第22章でもすべてその言葉通り受け取らなければならない。生命の大河やさまざまな樹木も象徴（比喩）的な意味は持たないで、聖なる啓示の完全な同形性にしたがい具体化されたそのものとして解されなければならない。創造時において超感覚的であったもの、すなわち聖なる元素《エレメント》、聖なる火、天の水、神の御力の展開（詩編150・2）[1]がここで初めて解明される。新しい大地の宮殿の外側には、諸国民がその周辺に再び彼らの場所を見出すであろう。彼らは肉のままで復活し、かつ、霊で

（1）（訳注）（詩編150・2）「力強い御業のゆえに、神を賛美せよ、大きな御力のゆえに、神を賛美せよ」（新共同訳）

は神の思《おぼ》し召しのままに生きる。多くの人々がもろもろの生命の木の葉によって健康となり、彼らの処罰といっても反逆的な者たちが罰せられる火の湖の中で行われるのではない。諸国民は火の湖の外側でその病を得て、その木々の葉で癒されることになっている。神の思し召しのままに彼らは霊において生きるであろう。これが、審判がなされた後の、死をみることがなく清められた状態である。

新しいエルサレムはこの新しい大地に降下する。聖徒たちは、数千年の間キリストと共に天国で、楽園で、パウロが移された第三の天〔Ⅱコリント12・2〕[2]で、完成されることになるが、その後彼らはこのすばらしい立体的な新都市と共に天国から地上へ降下し、もろもろの王や祭司として地上を支配する。彼らはすでに審判の陪審資格《バイゼッツアーデスゲリヒツ》をもつのではあるが、なお自然的で必然的な普遍的出来事また条件をもって必然となる出来事そしてさらに自由な事物の出来事をも知り理解した後では、王にふさわしく支配するであろう。だから審判は、最後の審判の日だけに持続するのではなく、ヘブライ人への手紙6章2節[3]にも書かれているように新しい大地で永遠の裁きがおこなわれるであろう。〔黙示録22・2〕[4]

わたしたちの救い主、イエスがたいへんしばしば言われたことは、抑圧者たちの不義〔の試練に〕によって、柔和な心にされた魂たちが、世継ぎとして地上国を所有するであろうこと〔マタイ5・5〕、昼の女王が不信なユダヤ人たちを断罪すること、すべての反キリストたちの言葉が裁かれることである〔Ⅱテサロニケ1・8〕。また、死者たちに福音が告げ知らされたことは、ペテロが紛れもなくイエス・

キリストの御口から聞いたことだが、洪水の中で溺死した人々は前もって肉による人間的な仕方での裁きを、すなわち永劫の裁きを受けることになるが、死者たちに福音が告げ知らされて、そして神の思し召しのままに霊において生きるであろう（Ｉペトロ４・６）。[5] この聖句についての神学者たちの不当な解明や聖なるテキストのその他の曲解は、断罪されるであろう。それらは神学者たちが慣習によってか、誇張によってかにより開陳したにすぎない。

永遠の内なる新たな地上では、新エルサレムにて王にして祭司である人々が、新しい地を支配し、諸国民の王たちを支配することになるであろうが、それは次のようになされるであろう。先の世の時代

（２）（訳注）（Ⅱコリント12・2）「わたしは、キリストに結ばれていた一人の人を知っていますが、その人は14年前、第三の天まで引き上げられたのです。体のままか、体を離れてかは知りません。神がご存じです。」（新共同訳）
（３）（訳注）（ヘブライ６・２）「キリストの教えの初歩を離れて、成熟を目指して進みましょう。」（新共同訳）
（４）（訳注）（黙示録22・２）「川は、都の大通りの中央を流れ、その両側には命の木があって年に十二回実を結び、毎月実をみのらせる。そしてその木の葉は諸国の民の病を治す。（新共同訳）
（５）（訳注）（Ｉペトロ４・６）死んだ者にも福音が告げ知らされたのは、彼らが人間の見方からすれば、肉において裁かれて死んだようでも、神との関係で、霊において生きるようになるためなのです。（新共同訳）

に生きており、そして今や復活を果たした諸々の国民は、おのおの個人的に弁明するだけではないであろう、彼らの国家全体のなかで、以前に社会を造っていた人々との関わりのなかで一緒にそれを果たすことになろう。というのも、新しい地は諸々の国民すべてと一緒に住むことになるが、そこでは幾ばくかの国民が自分たちの個別の罪のためにも、また彼らが市民社会で自分に招いた過失のためにも、生命の樹の葉がふたたび彼らを健全にしてくれるまでは、その限り自分たちへの裁きを負わなければならないからである。神を信じなかった者たちも彼らが前世の地上の状態にあって犯した罪を思い起こさなければならない。そのため彼らがその手で過ちを犯してきた他者たちの身や、共にあった状態や関係を目に見える仕方で認識させられるであろう。この状態は全民衆に対する神の義や罰が賞賛されるのに必要な期間だけ持続することになろう。それでも、それ以外の民衆にとってもこれは祝福された状態であるだろう。諸国民の王たちは彼らの栄光を新しいエルサレムへとささげようとするであろう。そうすることができるならば、それは王たちの最高の幸せとなるであろう。ついにはさまざまな統治形態が廃されて次第にすべての国民によってメシアの祭司的・王的法則が受け入れられるであろう。すべての非正統的なものは捨てられるであろう。そして死さえも勝利に呑み込まれてゆくであろう。それからはそれぞれの人はその配置されたところで全体に類似する者となり、神がすべてのすべてとなるであろう。

最初の秩序への回復はⅠコリント15章にはイエスの復活（20―28節）の結果として最もよく証されて

いる。そしてすべてのものが一人の頭《かしら》の下に統括されることは、エフェソの信徒への手紙による（1・9—11）。[6] この聖なる出来事の次第は賛成・反対を論議することによって知られるようになるのではない。そうではなく、穏やかにしてかつ静かな霊の本質によって知られてゆく。聖霊がその中ですべての真理へと導いてゆきたもう。戒めが多すぎるとそれらは一挙に相互内で打ち消しあって制限され、役立つこと少なく、それのみならず福音の尊厳をあまりに感覚的に知られすぎるものとしてしまうので、人がふさわしく品位をもって歩まない限り、損傷を与える［フィリピ1・27］。[7]（『生涯と手紙』157—159頁）

（6）（訳注）エフェソ1・20—23もこの文に適応する。
（7）（訳注）（フィリピ1・27）「ひたすらキリストの福音にふさわしい生活を送りなさい。そうすれば、そちらに行ってあなたがたに会うにしても、離れているにしても、わたしは次のことを聞けるでしょう。あなたがたは一つの霊によってしっかり立ち、心を合わせて福音の信仰のために共に戦っており、」（新共同訳）

Ⅲ　小品集

1　50年間神学関係の仕事に携わった後の告白

わたしたちには最高の事物も古ぼけてしまうであろう。だから神は高次元の事をあまり頻繁に語るのは控《ひか》えたもう。改革の霊はそのような事柄の一つであろう。そうでないとしたら、わたしたちに最高に卓越した事柄も古ぼけたものになってしまう。ところでわたしはこういう事物を見据えて凝視してから50年余りにもなる。他のどんなものも、世の幸福、結婚、奉仕活動もわたしを〔この仕事から〕逸《そ》らせることはできなかった。そういうものは、私の眼にはすべてが無でしかなかったから。今わたしはやっと若かった時のわたしの出発点から73年間のわたしの生の終点までを見ている。わたしはわたしの救い主の不朽性（Unverweslichkeit）（エフェソ6・24、黙示録22・13）[1]に驚嘆している。さまざまな〔その時その場の主の〕輪郭《フィグーレン》の形が、その身体的具体性をそなえていなかったら、どうなったことであろうか。聖なるもの、至聖なるものが先立ってそれを示してくださらなかったとすれば、わたしたちはついには全くどんな形を知らずに（gar ohne Figuren）、霊的な非難を考えたであろう。今わたしはペトロと同じ思いである（使徒10・34）。[2]すべてのことがこのように具体性を帯び、身体に即して全聖書を貫いて言い表されているだけではなく、本質的に現実的にそのように証しされている〔訳注：原文ドイツ語「証しする（zeugen）」は「産む、目撃する」の意味ももっている〕こと、それはイエスの復活をなしもうた成果なのである。それに反して哲学者たちは事物の中を歩みながら、事物を決して見ないで、自分自身を表現していたにすぎない。（「全集Ｉ第1巻」173頁）

2　わたしは根底を発見した

わたしは自分の欲望がどこへわたしを駆り立てていったにせよ、無知の中をさ迷っていた。わたしは神を知らなかった。暗闇がわたしを引きとどめていたので、わたしはわたしの神を雄牛と同じくら

（1）（訳注）（エフェソ6・24）「恵みが変わらぬ愛をもってわたしたちの主イエス・キリストを愛する、すべての人と共にあるように。」（黙示録22・13）「わたしはアルファであり、オメガである。最初の者にして、最後の者。初めであり、終わりである。」（新共同訳）
（2）（訳注）（使徒10・34）「そこで、ペトロは口を開きこう言った。「神は人を分け隔てなさらないことが、よく分かりました。」（新共同訳）

いにしか考えていなかったし、理解もしていなかった〔出エジプト記32・19〕。(3) けれども雄牛はその主を知っているし、ロバもその主の飼い葉桶を知っている〔イザヤ書1・3〕。(4) 人間理性、異教徒の理性、世の理性はわたしも実際他の人と同様持ってはいるが、他の異教徒と同じくわたしの理性も空しく、うつろで、精神なく、神なく、イエスの真理を欠いていた。「わたしは考える、だからわたしはある。」(5) がわたしの至高の根本概念であった。この〔デカルトの〕根本概念から出発してなるほど伝え聞きによってきわめて明証的な神の概念へと導かれていったが、〔もともと〕神なしであるので神へと到達しなかった。わたしは秘かな呪いを感じた。わたしは自分の空虚さに気づいた。〔ほかでもないわたしの感じている〕わたし〔自身〕の腐敗、わたしの神への迷い、わたしの孤独、わたしの貧しさ、わたしの秘かな憧れを、人は説得によってわたしから取り除こうとした。のみならず、賢明な世が言うには、神の本性の義、神の本性の秩序というものがあり、それどころか実に神がその被造物をそのように放任したもうこのことは、神の知恵の最大の傑作である、とさえわたしを納得させようとした。その他のことを要求するような人は、必要でもないし適切でもない奇跡のわざを要求しているというのだ。異教徒の心の虚栄がキリスト者のまっただ中にあるとは、なんと悲しいことか。キリスト者たちが腐敗して、それで千回も自己を欺いているのに何が奇跡のわざだ！

イエス・キリストは世に到来してくださった、そのことによって世に何をなさったのであるか！恵みと真理とが彼によって成ったのである。今やイエス、すなわち自立する真理がわたしの最高の根本思想となった。彼のみもとでわたしは初めて、今やわたしの立つ基底を発見した。彼がわたしの知恵であり、わたしの基底的学問である。わたしの世界について、霊性について、そして神学についての学説は彼から発して流れて来る。彼がわたしの光であり、義である。わたしの主であり救い主である。わたしのアルファでありオメガである。わたしの一にして、すべてである。――こうしてわたしは全世界の嘲笑となるであろう。彼によってわたしは初めて今や、ひとつの意味《ジン》を、つまり、世のすべての根源《ウルシュプルング》と原像《ウルビルト》に近づいていくひとつの理性《フェルヌンフト》をもつのである。わたしは今や考えるだけではない、わたしは信じもする、だからわたしは、存在するばかりではなく、わたしは生きているが、それでもわたしが生きているのではなく、わたしの中にキリストが生きている。わたしの感覚《ジン》は、以前には空しかったが今やそれは神へ向けられている。新しい確実な霊がわたしの中にある。

(3)(訳注)(出エジプト記32・19)「宿営に近づくと、彼は若い雄牛の像と踊りを見た。モーセは激しく怒って、手に持っていた板を投げつけ、山のふもとで砕いた。

(4)(訳注)(イザヤ書1・3)「牛は飼い主を知り、ロバは主人の飼い葉桶を知っている。しかしイスラエルは知らずわたしの民は見分けない。」(新共同訳)

(5)(原注)フランスの哲学者ルネ・デカルト(René Descartes, 1596-1650)の学説によればこれはその真理を疑うことのできない確実な命題である。この命題から出発してスコラ学風の帰結を重ねて理性への信頼へそして同時に合理主義へ至る。

迷誤《めいご》へ誘う欲望は去って行くがよい！　わたしの真理の基底に対してわたしは同形的《グライヒフェルミッヒ》となろうとするのだ。単にわたしの〔現在の〕体系が全き《ガンツ》ものであるばかりでなく創造者の力能《りょくのう》によって全く新しい人間がすでに創られている。その〔新しき人間の〕の中に〔衣のように〕着せられてゆくことがわたしに定められている。その概念〔の理解〕と事実そのものが、内なる義と外なる義、内の聖性と外の聖性、要するにその規則が神ご自身である真理がそこにある。ただ〔新しい人間が〕着せられるだけであり、古い人間が脱がされるだけである！　虚言は去ってゆくがよい！　わたしとわたしの隣人との間には、真理だけがあるように！　わたしたちは互いに四肢であるのだから！　怒りよ、去っていくがよい！　それが度を越せば、太陽は沈む。第七の戒め〔姦淫してはならない〕が不実のゆえに挙げられる時は、不実は自分自身に恥じなければならなくなるであろう。そういう不実は去ってゆくがよい。

（「全集Ⅰ 第5巻」104—105頁）

3　わたしたちは何を為すべきか？

愛するみなさん、わたしたちは何を為すべきでしょうか。わたしたちはわたしたちが聞いてきたすべてのことを今や知ったのです。イエスが成長され、その天職を始められて何度もエルサレムの祭りのために旅をなされ、エルサレムで十字架に架《か》けられ、そしてその御昇天に至るまでのその走路を終えられたことを知ったあとでは、わたしたちは何をなすべきなのでしょうか。

わたしたちはそれぞれがその職業をもちながら、客やよそ者としてこの世の旅をして、いくたりかの辛い歩みもしなければならないのであるから、常にわたしたちの胸の内に神へひれ伏す崇敬の念を抱いて時にひざまずいてわたしたちの友達に向かっても「ようこそ！　イエス・キリストの御前に。神の恵みの御座に向かって祈ろうではありませんか」ということほど善いことは何もないのです。わたしたちがこうして強くしていただいたならば、そのときにはわたしたちに異議申し立てて、わたしたちを苦境に追い込む幾多の事が生じてくることでしょう。わたしたちは、しかし、わたしたちと共にある主のすべての道を思い起こしましょう。わたちたちは神のまなざしの導きを想起しますが、その導きは賢者の星と同じほど多様であります。わたしたちは他の人たちの為すことを気にとめるあまり、すべてのことをあらかじめ知っておこうと思ったり、油断大敵として抜けめなく考えすぎたりしないで、為すべきことを率直に為すようにしましょう、そのわけは、わたしたちにとってはイエスにひざまづき祈り、イエスに栄光を帰すことが大切なことなのですから。わたしたちの歩むあれこれのプロセスが、たとえその道を先に歩いた人がいなくとも、また誰も自分に続いてくる人がいなくとも、「イエスの栄光を」目指す方向にあること、それが大事であることを知っているからです。わたしたちは困窮の只中にあっても、内的には勝利の歓声を挙げ、「あなたはわたしをあなたの御意思にしたがって導いてくださり、ついには栄光に向かい召してくださいます」（詩編73・24）[6]と語るのです。

こうしてわたしたちはあれこれと思惑したり、心配したりすることから解放されるのであり、わたしたちより先に天に昇られたすべての聖徒たちと共に礼拝を捧げます。それは何の見栄えもないことですが、わたしたちが人間的政治《かけひき》のなかに浸って歩むのではなく、恵みのなかを神の天使たちの前で、また、選ばれた人々の前で歩んでゆき、心情の不退転の眼《まなこ》をもってイエスを見つめること、これこそわたしたちの最愛のことでありますし、このイエスをすべての神の天使たちが、またすべての真のイスラエルたちが霊の中で礼拝しているのです。（「全集Ⅰ第2巻」65―66頁）

4　ヘレンベルク[7]をめぐる神を信じる人々、神に愛せられた人々、選ばれた人々、恵みに飢えた人々に対する言葉

神がイエス・キリスト、主からの恵みと平和とがあなたがたに豊かにあたえられますように。わたしはそうするように迫られていますので、あなたがたに対してやはり若干の言葉を書き記さなければ

なりません。あなたがたが真理への愛を受け取り、その中を歩んでいることはすばらしいことです。神があなたがたに一人の分別ある教師を送ってくださったことに対して、神に、栄光の父に感謝してください！　あなたがたが確実な、満ち足りた知性のすべての富に至るまで、彼を愛し、彼の後に続くように努めてください。願い、求め、戸を叩き、とりわけみずから求めて知恵の規則に習熟してくださいますように！　神を敬うという人々のさまざまの語りは避けなさい。あなたがたが自分の前で信仰告白した事柄と同じように考えているかどうかを、よく注意しなさい！　真実を言えば、あなたがたはバベル〔言葉の混乱〕[8]からは解放されていなければならないはずで、そうなって後はじめて本当に一つとなることができるはずです。気を長く持って、親切でいてください、論争はやめなさい。この人もあの人も神に教えていただくのですから、その時が来るまで待つのがよいのです。いつも楽しそ

（6）（訳注）（詩編73・24）「あなたは御計らいに従ってわたしを導き後には栄光のうちにわたしを取られるであろう。」（新共同訳）
（7）（訳注）ヘレンベルクはエーティンガーの任地のひとつ。1759－1766年 Dekan（特別教区監督官）として働いた。ドイツ語の意味は「主の山」。
（8）（訳注）（創世記11・9）「こういうわけで、この町の名はバベルと呼ばれた。主がそこで全地の言葉を混乱（バラル）させ、また、主がそこから彼らを全地に散らされたからである。」（新共同訳）

うにしていなさい、あなたがたが正しい道の途上にあることを知っているならば、その時は何の心配もいらないのです。聖書の中では、過去の言葉や出来事を示して旧約聖書との関係をほのめかすパウロの言語や、ヨハネやイエスの全く霊的な言語、言葉や生命や光に由来する言語、また巷の知恵を前提とする言語の違いはあります。学問のある人たちが一人はこう考え、もう一人は違うように考えている場合がありますが、それを気にしないでください。あなたがたの信じる自分自身の道にとどまっていてよいのです。わたしたちは皆すべてが、言葉では表現できない、栄光に満ちた喜びをもって喜ぶときがきっと来ることでしょう。イエスの霊があなた方の霊とともにありますように！

ヘレンベルクの中にまたその周囲にいる兄弟たちとも直接おめにかかりたいのです。わたしは心から彼らに挨拶を送ります。イエスの御顔にある神の栄光のすばらしい光に対しては、彼らも、はかないこの世の屑ものにはほとんど注意を向けたくはありませんでしょうし、どうしても必要とするならば、それに応じたバランスをとっていくしかないでしょうから。(『生涯と手紙』、539―540頁)

イエスよ！　あなたの戦いのために耐え忍ぶことを教えてください。わたしのことを引き受けてください。心悲しむ余り、わたしがもう何も敵に抵抗することができない時、そんなときにどうかわたしのうちにあなたを啓示《あらわ》してください、生きているとりなし人よ、こうしてあなたはわたしたちの中で世よりも強くなってくださいます。イエスの闘いたもう受難の力よ、イエスの血の語りたもう力よ、わたしが〔弁論の〕戦いの旗を降ろさないように強めてください。悪魔が、「君はそれを味わってはいけない」「触れてはいけない」〔Iテサロニケ5・21―22「すべてを吟味して、良いものを大事にしなさい。あらゆる悪いものから遠ざかりなさい。」編集注〕と、あれこれ細々としたことにわたしの良心の手間をかけさせ、わたしを不安にさせますが、そのままゆるしておかないでください。彼はそういったことでわたしの心をもてあそび、あなたの生ける啓示の約束からわたしの心をはぐらかし、そばにきて羽目をはずさせてしまうのです。ああ、イエスよ、わたしはあなたご自身をわが心に授かるようにしなければなりません。わたしを助けようとしてわたしに取り組み、戦いたまい、祈りたもう唯一者としてあなたご自身が、わたしの心に授かるようにしなければなりません。天のメルキゼデクとしてパンと葡萄酒を用いてあなたがわたしを強めてくださいますように〔ヘブル7章参照〕。

Ⅳ　新都市アン・デァ・グローセン・リンデンでの公開説教

――エーティンガーの十字架論〔訳者〕――

当地の教会の代表者たちに「使徒の働きの歴史」(使徒13・15)(1)に倣《なら》ってひとつ奨励の説教をしてほしいと依願されましたので、当然のことながら喜んで果たそうと思いました。〔「使徒言行録」の記事にあるピシディアの〕アンティオキアの会堂の管理者たちが〔安息日の〕ユダヤ人たちの集会の時に律法と預言者を朗読した後で「愛する兄弟よ、あなた方に話したいことがあり、民衆に奨励したい言葉がありましたら、お話しください!」と言いましたので、これに応じてパウロは講話をいたしました。彼はキリストの受難に関わりのあることを簡潔に述べてから、復活されたキリストに帰依するようにとの要請をきわめて崇高な仕方で知らせたのです〔使徒13・16―41参照〕。この例に倣いまして、わたしも覚悟を決め、ただちにわたしの説教が問題とすること、すなわちキリストの十字架について次のことをあらかじめ語りたいと思います。

1　現代では十字架について、受難について、キリストの功績について説教することはきわめて高次の、また奇跡に満ちた事柄であること。

2　心を新たにすること(Erneuerung)が最も重い十字架であること。

わたしが今述べましたように、キリストの十字架についてそれにふさわしい品位をもって語るということはきわめて高次の事柄ですので、わたしは現代という時代を原始のキリスト教の時代とは対立するものとみなさなければなりません。エレミヤは、わたしたちが初めの時代の旧来の通り道を尋ねてゆくようにせよと勧め、〔そして現代の通り道とそれを比較して〕どちらが最善の道であるか（エレミヤ書6・16）[2]を〔決定して〕その〔旧来の〕道とそれに従ってゆく時代の方を模範として受け取ろうとします。そうしてこそわたしたちは自分たちの魂に安らぎを見出すでありましょう。だからその始原の時を現代と比較することはとても重要なことです。

1　最初期のイエスの使徒たちの時代は、確実性の時代ともいうべき時代でありましたが、現今の時代は多くのことに懐疑を懐いて説明を要する時代です。

2　初期の時代は聖霊の奇跡の賜物によって〔真実が〕証されていました。現今の時代は、なるほど主の御手〔の働き〕が短すぎはしませんが、なぜ霊的な力が前面へ現れてくるのが稀であるの

（1）（使徒13・15）「律法と預言者の書が朗読された後、会堂長たちが人をよこして、『兄弟たち、何か会衆のために励ましのお言葉があれば、話してください』と言わせた。（新共同訳）

（2）（訳注）（エレミヤ書6・16）「主はこう言われる。『さまざまな道に立って、眺めよ。昔からの道に問いかけてみよ。どれが、幸いに至る道か、と。その道を歩み、魂に安らぎを得よ。』しかし、彼らは言った。『そこを歩むことをしない』と。」（新共同訳）

かは、それなりの原因があります。

3　初期の時代は市民の〔公的秩序を守る当局の〕警察制度と混ざり合った時代でした。わたしたちの生きている現代はそうではありません。

4　初期の時代では教会共同体の中に悪人がいれば、その中から追い出される必要がありました。しかし現今の時代は「両方ともに育つままにしておきなさい！」〔マタイ13・30〕[3]と言われる時代です。

以上のようなすべてことがあって、初期の時代に合致して立てられていた諸要求を〔現今の時代に〕自らのものとして取り込むにあたって、また十字架の説教も同じで、まったく別の種類や方法を要求しているのです。

また初期の時代の諸状態を視野に入れて語られた事《こと》どもがありますが、それらを、そのまま直ちにわたしたちの生きる現代に妥当させることはできません。特に聖書のさまざまな聖句は、すべて〔語られた時のある種の〕事情に応じて理解されなければなりませんのですから。初期の時代では、教会共同体が現実として、文字〔を信じている〕ばかりではなく、力に被われておりましたから、その確かさのゆえに、ヨハネはこの教えを身に着けようとしない人を、自分の家に迎え入れたり、実にまた挨拶したりするな、とさえ言ったのです〔Ⅱヨハネ10－11節〕。わたしたちは現今の時代にさ迷っている同時代の信仰の仲間に対してこの言葉をどのように適用したらよいのでしょうか。パウロも同様に「誰かが何か別の福音を説いているなら、その人は呪われよ」〔ガラテヤ1・8〕と言います。誰かこの〔パウロの〕言葉を〔ウェストファリア条約やアウクスブルクの告白21条以後の〕わたしたちの時代に対して適用しようとするでしょうか。この聖教義の中には、実際にきわめて多くの誤った〔神からの教えではない人為的な〕条項が追加されており、そういう条項はコリント人やガラテヤ人たちの〔使徒時代のたとえば上記の〕副次的教えよりも、もっと危険でありますが、しかし、結局のところパウロよりもむしろペテロを模範とするのだという口実で、福音を文字に仕えるものとし、霊に仕える資格（IIコリント3・6）に基づいて福音を確信するのではない結果に終わってしまうのです。もしくはガラテヤ人たちが、一種の〔さまざまな教えの〕混合した福音に魅惑された方向へ向かう結果になってしまうのです。こういったことは、〔時代の異なった現代では、原始の福音時代と〕同じ仕方で起こることはもうありえないのです。

さてわたしは十字架の教義の話題も取り扱いましょう。また多様な教えの混入によって歪められた福音のさまざまな種類にも注目しましょう。キリストの十字架の教義はカトリック教徒のみならず、わたしたちにとっても、初期の告知とは甚だしく似つかないものとなってしまいました。それゆえシュ

（3）（訳注）（マタイ13・30）「刈り入れまで、両方とも育つままにしておきなさい。刈り入れの時、『まず独麦を集め、焼くために束にし、麦の方は集めて倉に入れなさい』と、刈り取る者に言いつけよう。」（新共同訳）

タインメッツ修道院長[4]が言い表したように、死に向かう人々の説教とでもしたらよいのではなかろうか、と言われるほどです。それではどうすべきでしょうか。当然十字架の教義とキリストの功績を、それらがその初期に受けていた尊崇に値する位置に再び戻すようにしなければなりません。これが十字架について語るこの講解の目的なのです。すなわち

1　現今の時代にあってはキリストの十字架についての説教は、高次の、奇跡の、特別の重大事《ザッヘ》であること、そしてそれは深い知恵をもって、講解はこれまでよりも口数をおさえてなされてほしいことである。

2　心を新たにする十字架〔新生の十字架〕が最も重い焦点であること。[5]

祈祷〔訳注：講話中になされたらしい。祈祷です。アーメンまでの全体がイタリック体ですが、傍点は冗長となるのでつけませんでした。〕

ああ神よ、あなたはこの〔初期のキリスト教から歴史を重ねてきた〕最後の悲しみの時代にあってわたしたちが呻いているのをご覧になっています。このような最後の悲しみの時代にあって信仰のゆるぎない確かさをわたしたちに与えてください。この現今の時代の大きな躓きによってわたしたちが途方にくれることがありませんように、わたしたちを助け出してください！　アーメン。

さてわたしたちはこの大事なことに向かって近づいて参ります。すなわち、キリストの十字架の説教は、特別な、高次の、そして奇跡に満ちた事柄であります、だからわたしたち生きる時代の知恵のすべてをもって、口数少なく講解されなければなりません。

第一にわたしが受難記事《パッションスアプシュニット》と並んで、喜びのおとずれ《エヴァンゲリウム》の〔記事〕を読み上げるのは理由のないことではありません。〔新約聖書の中の〕枝の主の日〔訳注：キリストが受難を前にエルサレムに入り信奉者がしゅろの枝をまき敷いて彼をよろこび迎えた日。マタイ21・8ヨハネ12・12参照〕の喜びのおとずれが、〔キリスト教に帰依し、現在の西ヨーロッパ全土にわたるような後の神聖ローマ帝国への道を開いた〕カール大帝〔768―814在位のもとでの文化政策〕によって受難の出来事の前に〔祭日として〕置かれたのは極め

（4）（訳注）アダム・シュタインメッツ（Adam Steinmetz 1698-1762）は、1732年からマーグデブルク近郊のベルゲン修道院の院長であった。彼は修道院内に宿泊施設を持つギムナジウムを指導した。クリストフ・マルティン・ヴィーラント〔1733-1813〕（ドイツの詩人 Christoph Martin Wieland）はこの施設に1747―1749年に通った。シュタインメッツはピエティスムスのシンパであった。「教育の仕事はひれ伏す仕事である」という言葉は彼に由来する。エーティンガーはその旅行の途上で彼を訪問した。

（5）（訳注）（ガラテヤ6・2）「たがいに重荷を荷いなさい。そのようにしてこそ、キリストの律法を全うすることになるのです。」（新共同訳）

てすぐれた知性によるものでした。これは十字架をめぐる恐ろしいもろもろの実相を心情のうちにあまり強く食い入らせないためだったのです。その〔枝の主日の〕福音の中では、十字架についての何事も語られておらず、歓喜のホサナ〔訳注：ヘブル語で神を讃える歓喜の叫び〕が前面に出ています。「シオンの娘よ、歌え！　あなたの王があなたのところへやってくる」〔マタイ21・5〕は共同体が恐れを抱かないように、また考えすぎたり、自慢したりしないで、もっとも謙虚に、かつ最も柔和な仕方でその日を迎えるためなのです。ここから明らかになるのは、教会は十字架の秘儀を知性と短い言葉でもって解き明かそうとしているのです。それはイエスの王国にふさわしい、心地よい、好ましく響く言葉と結びついています。

第二には、イエスやその使徒たち〔の行動〕に関しては、受難の出来事の中から多くの特別な印象的場面を引き出して結びつけるのが当世風の読み方なのですが、わたしたちの見るところ、使徒たちはそのような仕方に合わせて叙述していないことがわかります。〔当世風の仕方では〕世俗の〔ローマ総督による〕裁判を受けるように、また〔ユダヤ人たちによる〕宗教的裁判を受けるために彼が曳かれてゆくこと、ヘロデ〔アンテパスといい、ヘロデ大王の息子で大王の死後、当時イエスの出身地のガリラヤの国主だった〕の前で彼が愚弄されること、彼が茨の冠をかぶせられること、十字架を荷うことや磔刑《たっけい》されること、それらが次々と積み重なってゆくのを特別の印象をもって見るのです。使徒たちはこれを〔そのような個別の受難の印象の重なりではなく〕エルサレムで一回限り起こった偉大な実在事《ザッヘ》として提示したのです。これに関わる一人びとり、受難全体から自分のすべての点にわたる益〔Ⅰテモテ4・8〕を引き出してほしい、というような提示の仕方をしているのです。自分の魂の傷はそれぞれであって、それぞれが要求する〔場面〕はそれぞれ違ってはいるでしょうが、それぞれはあるがままに従ってよいのです。イエスご自身は2年間を通して最後に至るまで御自分特有の受難について一言も語りたまわなかったのでした。しかし使徒たちはそれを奇跡の大事件《ザッヘ》として選び出しました。アンテオケのパウロの語りはこれを示しています〔使徒13・16—49参照〕。

第三には、これが偉大な出来事のうえに奇跡の出来事でなければならないのは、この受難の出来事の経過全体からみて明らかですが、その出来事の特別の諸原因《ウルザッヘン》は、来るべき世界になってはじめてわたしたちに告知されることになるでしょう。もちろん現今では〔教会などで教会員の〕鍛錬する導きの必要上、たとえば「イエス、あなたの深い御傷は」とか「イエスよ、あなたの御受難は」というような讃美歌のなかで通常の仕方で表現されますが、それと異なって語られることはできないでしょう。しかし、もしその聞く資格があれば聞こえてくる、彼方の世界でのモーセの歌や子羊の歌は、まったく違った調子のものでしょう。かの世界では歌を習います。多くの人がそれを習いたがるでしょうが、多くの人はそれができないのです。その歌の内容はどんなことがのぞましいでしょうか。その歌は、ひとつの音楽作品であり、竪琴で演じられるとわたしは思います。

したがって創造の調和とすべての事物の再興とが多少とも至高の究極目的《エントツベック》へ向かって認識されるにはイエスの十字架という鍵によるのでなければなりません。この地上《ヒア》で自分の魂の安らぎの根拠を見出そうと渇望する人は、かしこ《ドルト》〔の来世で〕はじめてキリストの完全な大祭司職によって教えを受けることになるだろうとわたしは思います。永遠の世界では無為であることはできず、そこでは学ぶ意欲が止むことはないでしょう。そこではさらに天使たちでも、のぞき込んで見たがるでしょう。多くの天使がいても、彼らがことのすべてをまだ知っているわけではないのです。彼らも全体が啓示されることによってどんなことが開示されるのか、その開示の時を待ち続けているのです。見てください、キリストの十字架の説教とはどんなに高次の事態《ザッヘ》でありましょうか！

しかし心をもつ者たちに対してより近くから親しく近づき、語りかけてくださるのです。神にして大祭司イエスがご自身の苦難と功績のすべての点にわたって一人びとりを特別の仕方で永遠の眼差しでもって見ていてくださることは確実です。それはこの地上世界が基礎づけられる前に、すべての人間の状態が知恵において洞察されていたように、そしてまた一人びとりの犯したあらゆる罪もイエスの受難がすでに当時でさえ赦しと救済へ向かうと見なされていたのと同じように、あらゆる罪びとがこの高次の〔神にして大祭司の教える〕事態のもとで、公平で神にふさわしい慰めを得ることになります。ある時には、時間のなかに永遠の救済が見出されます。ある時にはすべてのどのような時にも妥当する救済を得ます。この「ある時には」が驚嘆に満ちている（voller Wunder）のです。そこから聖霊が一人びとり魂のために、それぞれに〔真理を〕見るにふさわしい眼差しを与えてくださるのですが、その眼差しはかの世で初めてその魂に真に明らかになるのです。

このことはその人に大きな慰めを与えて、ダビデと等しく彼はみずからの受難の詩編をイエスのご受難を通して造ることができるのです。神はわたしたちの未熟な弱さをご存じです。わたしたちはイエスのご受難のあれこれの一部分のみを信じる心でもって触れているに過ぎません。それでも神は早くもわたしたちのその部分に応じて直ちに全体を加算してくださるのです。だから「主の御名を呼ぶものは救われるであろう」（使徒2・21）と言われているのです。

何という偉大な至福をわたしたちは喜ぶことになるのでしょう！　それが与えてくれる永遠の勇気と慰め、それはもはや言葉では言い表すことができずに、むしろ沈黙をもって受け入れるほかないのです。これがすべての罪と汚れのために開かれた泉なのです。

だがわたしたちは**第2の点**、すなわち心を新たにする十字架がキリストの受難の中で最も重い焦点である、そこへと急ぎましょう。

わたしたちが受難の全体の出来事を読む場合に、実際カトリック的な仕方で悲壮劇ないしは悲運劇としてわたしたちの感覚に刻み付けるならば、それはなるほど美しく、かつ、善良な心の鍛錬となり、わたしたちの感覚から多くの虚栄のイメージを追い払ってくれます。しかしそれだけではキリストの十字架から真の利益を受けるというには十分ではありません。わたしたちは信じた後には、わたしたちが新にされたことが高揚されなければなりません。なるほど信仰はすべてのことに及び、すべてをそれまでと違ったものとするのですが、新にされること、それがまさに活動する鍛錬のなかにある信仰であって、その鍛錬を通してわたしたちの魂は神の像の中へと次第に近づきつつ変えられてゆくのです。わたしたちの中にキリストの受難に与ることが生起しなければならないのは、パウロが言うとおりであります。「わたしはキリストと共に十字架にかけられた。わたしに対して世は十字架に付けられているし、世に対しわたしは十字架に付けられている。」（ガラテヤ2・19、5・24、6・12）この〔句の意味する〕ことは、受難の出来事から出発していくが、その道程は、自己運動を行い、甘美な好ましい在り方へと向かってゆかざるをえないということです。キリストの愛は一人が死んだならば、すべての人々が死んだのであるという理由でわたしたちを駆り立てていくのです。だから彼は万人のために死んでくださったのであり、生きている人が自分自身のために生きるのではなく、万人のために死んでよみがえった人と一緒に生きるようにしてくださったのです〔IIコリント5・14−15〕。ですからそこからはモーセの律法を造る必要はないのです。

掟は、イエスの像《ビルト》をみることによって、彼のすべてが十字架に付けられていると同時に、また同じく栄光をも受けている姿の中で、おのずから《フォン ゼルプスト》流出《フリーセン》してゆかざるをえないのです。時にこれは深刻な事柄です。しばしばわたしたちは倒れこみます、こちらでもあちらでもどう理解してよいのか、わからなくなるからです。罪がわたしたちを取り囲んでいます。罪がわたしたちの心をにぶくさせます〔コロサイ3・2〕。わたしたちは見かけのよさに屈服して、的を射ない事柄にのめり込みます。そんな時には、わたしたちはその塵を掃き清め、異教徒的な諸偶像を破壊し、習慣に染まった立場を乗り越えて、美しい全く新しい視点からの真理の像へと飛躍しなければなりません。こうなると、ことは最も重い鍛錬となります。むしろ短い生の殉教の死を耐えた方がよいのではないかと思うことがしばしばです。ことほどさように的外れな膨大な事柄から身を引き離すのに力を消耗するので、わたしたちが忘れていた真の姿を再び新しく視点にとらえるということは、重いことです。

このことは聖霊が特別の方法を用いて奇跡に等しいもろもろの摂理を通してなしたまうのです。こういう摂理はわたしたち自分の思いで実現できることなど到底考えられません。多分テモテのように途方にくれたり、いらいらしたり、不機嫌になったりするでしょう（Ⅱテモテ2・3、8―9）。しかし、それは、多くの躓きがあるにせよ、今でもまたいつまでも美しい戦いなのです（Ⅰテモテ6・12）[6]。これらのことを規則に則って克服することは、書物によってではなく、事柄そのものから《アオス　デアザッヘゼルプスト》学ぶのです。主

（6）（訳注）（Ⅰテモテ6・12）「信仰の戦いを立派に戦い抜き、永遠の命を手に入れなさい。命を得るために、あなたは神から召され、多くの証人の前で立派に信仰を表明したのです。」（新共同訳）

はわたしたちと共に居てくださる。彼は何処であっても、わたしたちに欠けている知恵を与えてくださいます。今お話していることもその一つであります。

さらになお次のことが指摘されなければなりません。つまり、新しくなる〔霊と心〕によって初めてわたしたちはすべての真理へと導かれてゆくということなのです。神の言葉とは、生きて力強く、もろ刃の剣よりも鋭く突き入り、わたしたちの情動や情熱を腑分けしてゆき、もしくはわたしたちを二つの人格へと分割するか、もしくは、魂と霊とに切り裂きます〔ヘブライ4・12参照〕。屠殺者はその犠牲獣の皮を剥ぎ、その皮をそれぞれの部分へと切り分け、くず肉は片づけ、それを裏返して神経や脊髄が露わになるようにします。こうしていわば新しくなる過程が行われるのですが、これはとても隠れて行われることなのです。これに怖気《おじけ》づくことがないようにしましょう。鍛錬によって学んでゆくのですから！　イエスの霊があふれ出てきて助けてくださるのです。このことがキリストの十字架の正しい適用なのです。この場でわたしたちは完全性と言う目的へと進み向かってゆくのですが、その完全性の目的は大祭司がメルキゼデクの秩序に従いわたしたちのためにお入りになった聖所の全体を認識することです。このことをヘブル人への使徒の手紙にならって、その完全な意味内容を認識する人は、すべての恐れに打ち勝ちます。彼は死ぬことはありません。彼はもはや消滅しない力によって生きているのであり、その生は大祭司の根本法則なのです。〔ヘブライ6・20―8・13参照〕

もちろん罪を知るということと恩恵に達するということは、キリスト教の重要部分ですが、しかしさらにその事はやはり神の真理とキリストの真理および究極目的〔終末的〕の事物の真理と同時に結合していなければならないのです。人間についての内的な認識を得るためには、魂、身体、そして霊の〔人間の三分割〕の認識および共同体《ゲマイネ》についての認識がそこに伴わなければなりません。それらが伴ってはじめて罪と恩恵も正しく明らかにされるのです。この認識は単に教義という先行象徴《フォールビルト》(durch bloßes Vorbild der Lehre) によって明らかにされるのではなく、知性が織りなす単なる概念に頼るからではなく、祈り《ゲベート》の中で〔霊・魂・身の〕新生〔革新〕をうけた事実の下に啓示されるのであり、とりわけ神の諸摂理に基づいて啓示されるのです。神はすべての教義に先立って内側から外側から義や不義を見分けるいわば先在的感受性《フォールエンプフィンドゥンゲン》を一人びとり魂の場に植えておられたのであって、これは正しい、これはよい、もしくはこれは不正だ、これはまずい、を直ちに知るのは、この先在的感受性のおかげなのです。たとえ学校教師がそこにいなかったにせよ、人々はやはりそれをもつでありましょう。

だから、この〔キリスト教初期ではない〕最後の時代にあれやこれやの聖句についての多くの学者が自分の説明を述べているとはいえ、どれが真理や正義によりふさわしいのであるか否かを判断するのは、そう難しいことではないのです。福音の霊が祈りによって来臨されるならば、革新〔新生〕もまた困難ではありません。ところがそれにもかかわらず特殊な諸要件においては多くの躓きが生じてくることがあって、それはいわば悪習からは喜んで離れる気持ちがあっても、どうやって手がけていいのかわからない場合です。こうなると、革新〔新生〕することは人にはとてつもない重い十字架となります。神がその人にこうした十字架を長期間その背に負わせたままであり、その人はその十字架を忍耐して負わなければならないという その事実は、その事によって神は幾たりかの人々には比類なく謙虚になるようにさせます。その人は初期のキリスト者たちのあり方を慕って最も容易にして最短の道をたどってゆきたいと渇望するのです。だがその人はその後、事態《ザッヘ》へのきわめて不器用な着手しかできないまま、身を運ぶにやっとのこと苦労してゆかなければなりません。神の内的な道を懸命に追求する人たちの記述を読む者が、見出すのは、そういういくたりかのアポロたちには、一人のアキラや一人のプリスキラ〔使徒18・19、24―26〕[7]らが不在であること、言い換えれば、神へ至る優しい道やイエスの軽いくびき木を適切な指導によって知ることが初めから無かったからなのだということです。それがあるなら神がイザヤ書で約束してくださった「彼らが呼ぶ前にわたしは答えよう」〔イザヤ書65・24〕が直ちに実現すると思われます。しかし特にわたしたちの生きている現代では、そう素早くにはそんな事態にはなりません。神のご思慮はこの点においてもわたしたちの〔通常の〕思慮とは異なるのです。キリスト者の初期の時代では、神の愛の甘美なお導きがあり、それはひと〔の体験〕にあって認識させてくださいましたが、時を経て現今の時代の混乱状態のゆえに――それほどにはどうしても見えないに違いない感がありましても――しばしば多年を費やして、やっと次のような告白に至るのです。「注ぎの油とは、内的な確信のことですが、それをもつのは、あなたです。その〔油は〕聖なる方による内的確信ですが、〔油を注がれた〕あなたはすべてを知り、すべての真理へと導かれているので、何人かがあなたに教えることは必要ありません。必要ないだけではなく、あなたに〔聖霊の〕油注ぎがすべてのことを教えるように、それは真理であり、真理からは嘘言がでることがないことをあなたは知っています」〔Iヨハネ2・27参照〕という告白です。

これでわたしは十字架の秘儀がどのように高次の、驚嘆に満ちた事実であるかを十分に語りました。そこに至るには上からの知恵が必要なのです。急ぎすぎてはなりません。人はその長さ、広さに従って学ぶことも直ちにできることではありません。しかもまたやはり十字架や受難とそのほかあらゆる産みの苦しみ無くしては、何人もそこに至ることはできません。どの日もその苦しみをもち、どの日もその恩恵をもちます。秘儀は、苦悩の鍛錬がなければ、長い説話や説教によってあるいは単なる教義によって学ぶことはできません。宗教的諸概念は教えを受けることを積み重ねたとて、学べるものではありません。現今の時代にこのような内的な事柄《ザッヘ》を半時間余り語ったからといって何の助けにもなりません。

（7）（訳注）（使徒18・2、24—26）「ここで、〔パウロは〕ポントス州出身のアキラというユダヤ人とその妻プリスキラに出会った。（省略）さて、アレクサンドリア生まれのユダヤ人で、聖書に詳しいアポロと言う雄弁家が、ヘフェソに来た。彼は主の道を受け入れており、イエスのことについて熱心に語り、正確に教えていたが、ヨハネの洗礼しか知らなかった。このアポロが会堂で大胆に教え始めた。これを聞いたプリスキラとアキラは、彼を招いて、もっと正確に神の道を説明した。」（新共同訳）

なりません。だからもうわたしは止めることにしましょう。特に聴衆がどんな人たちか分からない不慣れな場所で、どんな事柄であれ、語ることは困難であります。運よく事柄を伝えたかも知れないし、そうでなかったかもしれない。それをわたしは気にしません。それは偉大な人間の牧者にして心の門番である御方である神の霊にお任せしましょう。神の霊は心ある者たちがイエスや使徒たちの御言葉を精勤に自分のなかで思いめぐらすならば、それぞれの心の中のイエス御自身に栄光を与えてくださるのです。彼こそがわたしが果たすことが出来ないことをあなた方すべての心の中で補ってくださるのです。

わたしはその生涯を真理の探究に費やしたある高貴な人を知っております。

この人物はこの世を去る時、「正しく裁きなさい！」という言葉を残しました。この説教を終えるにあたって、わたしもまたこの言葉を残そうと思います。あなた方がこの世で裁くとおりにあなた方は裁かれるでありましょう。あなたがたが十字架という言葉を用いる通りにあなた方は存在するでしょう。あなたがたがその言葉と共に苦しむなら、その時にはその言葉とともに支配するでありましょう。あなたがたの言葉によってあなたがたは裁かれ、また義とされるのです。これが義認の注目すべき教義であります！

イエスのみ恵みがあなた方すべてと共にありますように。そして十字架の御言葉が正しく用いられて、あなたがたの知恵となりますように！　アーメン。（『新しい年に向けた新約の根本概念』834―841頁）

V　アントニア王女の教示画

王女アントニアの教示画[1]を解明してこの図版に光を当て、100年間このかた知られていなかったその正しい姿を説くことはステキな益あることです。しかしわたしが第一に報告しなければならないのは、この教示画でいちはやく若干の考察をわたしにしばしば呼び起こしたのは何であるかです。〔カバラー[2]によれば〕神性は十の流出口を通して（durch zehn Ausgänge）自己自身を顕現されつつあるのですが、そのような最も栄光ある諸事態は、変転しないもの（unbeweglich）として描かれるほかないのです。このこと〔の教示〕が、神性とはあたかも動じないで安らいつつある〔絵画中央の〕十人の主役の絵画像がそれであるかのような印象を生み出しているのです。しかしこれは確実なことではありません。聖なる三一の神性は一幅の絵画に類似するというよりは、むしろ生ける泉に類似しています。「あなたの中には」とキリストのみ霊は、「生ける泉がある。そしてあなたの光の中にわたしたちは光を見る」（詩編36・10）と語るのです。そのように〔人間の〕魂も神性の比喩《グライヒニス》として、動くことのない鏡面ではなく、さまざまな方向へ流入し流出へと導かれてゆく水の湧く泉なのです。ところがそれはタイナッハの癒しの鉱泉にとてもぴったりと適合しています。この鉱泉を訪れた客たちがこの泉を目の前にしてダビデやイエスの〔生命の水という〕言葉を思い返してみる方が、家柄がどうのとか、貴族の家柄とか、他人についての系図や物語で気晴らしの時間つぶしをするよりどんなに良いことでありましょうか。時間つぶしとしてならその言葉も事のついでに思い出した事とされてしまうでしょう。しかし、そのように〔イエスやダビデの言葉を〕思い出しても、永遠的なものへの注視がそこに欠けているなら、それは年月が過ぎ去ってゆくと同じくおしゃべりと同様になってしまうでしょう。タイナッハ鉱泉での生命の泉はおしゃべりではありません〔傍点訳者〕。イエスは「わたしが与える水を飲む者は、永遠に渇きをおぼえることはないであろう。わたしがその人に与える水はその人の中で泉となり、その水は湧き出して永遠の生命となるであろう」（ヨハネ4・14）と言われました。何という至純にして、こよなく甘美なイエスの御言葉でしょう！　タイナッハの鉱泉の湧き湯を飲んで、これこそ自分の何にも勝る快癒だとする人は誰でしょうか。もしその人がこのイエスの御言葉を自らの中に飲み干し、心身の中に受け止めたいと願えば、今よりはるかに倍して心身ともに健康になるでしょうに。しかし人はこの〔イエスの〕言葉も、アントニア妃の〔教示画の主題である〕セフィロート〔流出口〕をも何ら理解していないのです。もしも彼らがこの御言葉を求めて本気に飢え渇き、かつ自分の魂が単に鏡というだけでなく、神の御手の中に動かされる噴泉であることを認識すること、それを願ったのであったなら、はじめてアントニア妃の教示画を理解する能力を持てたでありましょうに。

（1）（原注）この教示画はバート・タイナッハの三位一体教会の中に存在する。よいガイドブックの一冊J・ベックの表題に「ヴュルッテンベルクの王女アントニアの教示画――聖名ヤハウェの一解釈」（1958）とある。

（2）（訳注）カバラー（ヘブライ語 gabbalah）はユダヤ教の中の一神秘主義。特に中世から近世にかけて、ユダヤ教徒の間に広まった。神と感覚世界の間に10の階梯（セフィロート）〔ここで10の流出口 Ausgänge と訳されている〕を設定し、これを上昇して、物質界の究極的合一をめざそうとする宗教思想である。

この王女はまずもって登場し、反対の態度表明をとるのは、鉱泉飲用療法は利用しても、〔いままで聖書の教育は受けてきたのに〕生命の水の10態の光輝のことは想い出しもしないすべての人々に対してです。ましてや療法を通して信仰や心の安定を獲得したいとは、夢にも思わない人たちに対してでしょう。〔創世記に登場する〕ハガルは〔アブラハムの妻サラに仕えるエジプト人の女奴隷で〕教育のない粗野な女でした〔創世記16・1〕。〔選民の〕世からはつまはじきされた下女でもありましたが、それでも人に生命の息を与えて、人を見ておられる噴泉なる神を見る品性を持っていたのです。「確かに」と彼女は言いました。「この地でわたしはあの方を見ました。わたしがあの方のことを思う前にあらかじめわたしを見てくださっていた、あの御方を」と〔創世記16・13参照〕。ああ教育のない粗野な世の人たちであっても、——わたしは罪に仕える女性たちのことを言っているのですが——このような内的な尊さのあり方をハガルのように見てもらいたかったのではないでしょうか。彼女たちは〔子のない〕サラに対する自分のあざけりにより受けた運命について、自由人で上流の母親たちについて、そうしてキリストの中に理解された神性の根源的な噴水泉について、どうして天的な貴族の身分や遺産から自分自身をはじき出すのか、〔そういう問題について〕考えてみたかったのではないでしょうか。イエスは「あなたがた、不忠な者たちよ、あなた方のもっているものを与えようと誰がするか」と語られました。キリストの中にある神性の10の流出口が意味するもの、それはあなた方のものなのです。しかしあなた方はそれに対して怖がっています。あなたがたは自分たちの世の快楽をそれが台なしにしてしまうのではないかと心配しています（マタイ13章）。あなた方がもし神の光輝と栄光をほんの一瞬でも見たら、あなたがたが今とても尊重しているもの、衣服の華美だとか、世の富であるとか、名誉などのすべてはそれに比べては何ものでもなくなってしまうはずでありましょうに。神はしかし今やあなたがたを何らかの現実の光輝〔として育てること〕を必要とはなさいません。しかしあなたがたは、初めは暗く分からないけれども、その後は明るくなる生命の言葉を通ることによって、あなたがたが見ていないもの、あなたがたが理解できないもの、すなわち〔イスラエルの高位の学者〕ニコデモさえも初めは理解できなかったもの[3]を信じる方向へむしろ連れてゆかれることになるでしょう〔ヨハネ3章〕。その方向を求めて教示画をよくよくごらんなさい。この絵は、暗黒の言葉であり、動くことのない像なのです。御霊〔の助けを受け〕そして生命の欲望があれば、それがこの絵画をあなた方の中で運動するものとさせ、生命の水の湧き出す泉とするに違いありません。神の七つの霊があって、それらの霊をあなたがたは全く理解できないにも関わらず、もしも信じることが出来るならば、その霊があなた方を動かし、生き生きとさせ、喜びをえさせ、希望に満ちた人になさるでしょう。その時には、あなたがたは自分たちの魂はこのような泉だったのだと認識して、その中に浴せば自分たちの辛苦な諸々の情動

（3）（訳注）（ヨハネ3・4）「ニコデモは言った。『年をとった者が、どうして生まれることができましょう。もう一度母親の胎内に入って生まれることができるでしょうか。』」（新共同訳）

は鎮まっていきますし、そうなると、愛の甘美さが沸き立ち、それが流れを支配するようになっていきます。諸々の情動が、あなた方をすべてに厳しい見方をする頑固で、人につらく当たる、火のような怒りをもった人間として。ところが、神の恩恵はあなたがたを清らかな、柔和で心の謙虚な愛の溢れる人間したまいます。魂はそれが見るすべてのものの中に像を見立て造りあげることができる（bildbar）のです。魂はどこへ行くとしても、むさぼるように（mit Begierde）そこへ向かえば情動となります。これが情動《アフェクテ》の源泉です。しかし情動は変貌を受け、是非とも愛に変らなければなりません。神からキリストの内へと出入りする諸々の流れは、波打つ、つかの間の動揺から、永続する存在へとそれらを連れもどしてゆきます。これこそ天使たちが「いと高き所には、栄光が神にあるように。地上には平安があるように。神の子たちには歓喜があるように！」と歌った甘美な福音なのです〔ルカ2・14〕。

タイナッハの三位一体教会にあるこの絵はとても偉大で高貴なものです。大公エバーハルト〔・ルードヴィッヒ三世　在位一六二八―一六七四〕がこの教会のための礎石を据えた時には、侯爵、伯爵、そのほか多くの高貴の身分の方々がそれに参列しました。この時の様子は彫刻家によって石に刻まれて、教会の入り口に描かれています。今は召天された王女アントニア妃も、この彼女の所有の絵を天にささげる思いをもって寄与なさいましたが、同時に列席の客人たちと全ブリュッテンベルク国の人々に向かって次のようなことについて眼前の説教をなさったのです。

第一に、三位一体の神についてです。今あり、昔あり、将来、来たりたもう神の三つの独存性にしたがって聖なる啓示を、カバラー的に表現している事です。

第二に神の七つの霊についてです。これは3人と7人の合計10人の人物の形で描かれて〔上部では〕二柱に寄り添う群像で描かれています。上部では家の建物から出る像群として描かれ、下部では円形の庭園の中でキリストによって共に導かれる群像〔12人：12部族〕で描かれています。

第三にキリストについてです。キリストは庭園の中心に立っておられます。

神を信じるすべての者たちはまず初めに三一の神性からとてもやさしい挨拶で特別に迎えられます。次に七つの霊によって別個に、そして第三にイエス・キリストによって別個に迎えられます。このことがきわめてカバラ的な様式なのです、ラインフェルト(4)がこと細かにヨハネ福音書のカバラー的様式について証明している通りです。

ゾファル（Sohar）は古代初期の（パウロの時代にまでさかのぼれる）〔カバラーの〕書物ですが、そこにはおおよそ次のように書かれています。すなわち、三つの上部セフィロートは特別なことをなしとげます。下方の七つ〔のセフィロート〕もまた〔特別のことを成し遂げます〕。そして王なるメシアは、わたしたちのイエスにして祝福を与えたもう方ですが、彼も特別な立ち場に立ちたもうが、それにもか

（4）（原注）フラネーケルの教授。

かわらず、すべてがキリストの中に一つに統合されていくのです。ところで人は欲するままに、反駁してよろしいのですが、聖書に応じて形成されたわたしたちの思想は神についてのどんな人間的思想にもはるかに勝って進むのであります。だからと言って、わたしたちは非難のすべてに答えなければならない負い目もありません。

それはともかくとして、わたしたちとしては畏れ（Ehrfurcht）も愛（Liebe）も同程度にこの絵からから汲みとるべきでしょう。そして。わたしたちが水と霊によって新たに生まれることが、わたしたちの主要関心事としたいものです。

自然のままの人間にとって、神には10の流出口があるというような主張が不思議でしょうがないならば、聖書が神の充満ということを語っていること、だからそれは神の多くの注入口ないし流出口によって満たされているあるものについて語っているのだ、ということをよくお考えください。充満（プレローマ）という〔ギリシア語新約聖書の〕表現は、受け取るものの充溢《じゅういつ》を暗示しています。「キリストの中には神性の完全な充満が生きて宿っています。」〔コロサイ2・9〕

預言書ミカの第5章には、キリストは、その神性によれば、一つだけではなく、さらに多くの流出・注入口（Mazaot）を永遠にわたってもちたもうと明確に書かれています〔ミカ書5・4〕[5]。

この流出・注入口〔複数〕がイエス・キリストの中ではキリストのみ霊で、このみ霊がさまざまな力能を帯びて種々の生まれながらの性格や複合体《コンプレッキシオーネン》（諸気質）の場におのれを分与し、神を信じる者それぞれの人の本性を高めるのです。
とりわけ注目してほしいのは、一番下の庭園の入り口に立つ〔女性のような後ろ姿の〕人物（アントニア妃）で、この人は、自らの信仰を、自らの愛を、そして自らの希望を強くしていくことを志す神を信じる一人を意味しています。希望はパラダイス的庭園をその対象とします。信仰は、複数の支柱の間に描かれた司祭たちの群れを対象とします。そして愛は信じる者の分け与えるもろもろの注入・流出にともなう神そのものを対象とします。そのような訳で、神とは、信じる者の母性的愛がその産む被造物の価値を高めるように動かす神であり、その神が愛そのものなのです。「神は愛である。愛の中にとどまる者は、神の中にとどまり、神も彼の中にとどまりたもう。」〔Ｉヨハネ４・16〕

さらにこの教示画は、旧約および新約の聖書《テスタメント》を一目で関連付けるようにするためには、わたしたちはキリストの中で学ぶようにという主張と同等のことを語っています。

聖書における聖なる諸表象のあらゆる多様な表現を通しながらも、み霊の単純さと集中化へと魂を導き入れるようにするということは、なんと偉大な事実なのでしょう！

この地上の生の内で、ごく単純であって、多くの労苦を払いながら少しばかりのものしかを得られ

（５）（訳注）（ミカ書５・４）「彼こそ、まさしく平和である。アッシリアが我々の国を襲いわれわれの城郭を踏みにじろうとしても我々は彼らに立ち向かい七人の牧者、八人の君主を立てる」（新共同訳）

ないことで、何らその苦を気にしないような人、そういう人を、神がそのことを将来の新しい大地においては言葉にならないほど栄光化された喜びの果実とすることでしょう。この教示画のすべての形象や個別の形象についてどう理解するかは、それぞれ個人の自由です。とはいうものの、その人がこの絵を神の霊による封印のひとつであることを聴き取り、そして霊についての主要な事態が何であるかを、よくよく考えさせられるならば、それで十全なことでありましょう。

それぞれの人が試みてほしいことは、洗礼を受けたキリスト者として、喜ばしいキリスト教精神(Christentum)を純粋な感謝をもって身につけようとすることです。洗礼は三つの御言葉、すなわち水・言葉・霊を伴った神のすべての注出・流出(複数)をすでに自らのうちに含んでいるのです。

さて、あなたはまだこの世にいるうちに、神のすべての充溢《じゅういつ》へ向かってしっかりと掴まえられることが望ましく、それを目指して働き、また戦ってください。それを困難な事と考える必要はありません。それは完全な喜びの業《わざ》となることに違いないからです。真理についてあまり議論をしすぎないで、真理を味わうようにすればよいのです。残された時間は短いのです。サタンは大いに怒って、こよなく聖なるものの形で猿真似をします。彼はあなたに対してあなたの得る恵みの状態について、甘美このうえない主張を吹き込むでしょう。しかし、御父が御子となす独自の共同体から発して、神の霊が、被造物のあり方であなたに分与されており、神があなたを救済の日のために封印したもうたことを、あなたは知らなければなりません。あなたは、「わたしは救われている、わたしは生きている。わたしは決して死ぬことはない、どうしてわたしは自分の霊を曇らせてよかろうか」と考えなければなりません。そういうわけで、恐るべき事態が、将来の怒りと永劫の裁きのうちに明らかになっていくでありましょうが、そのような事態からあなたは現に救われたのだと大胆に考えてください！

聖書を読む両眼をもって永劫の裁きを見てください、普通主張される世論の眼で見ないでくださ い！ そうすればあなたは神によって救済された者として純粋な感謝の歌声の中を歩んでゆくことになるでしょう！

ところでまだ二、三のことにお答えしなければなりません。〔絵の中央部の〕二柱の門柱とは何を意味するのでしょうか？ わたしこの二柱を理解するのに、それらは原初的な諸力や運動であると、ハッチンソンに同意することはあえていたしません。ソロモンの一連の〔「箴言」「知恵」や「コヘレトの言葉」の〕考え方が、それらの言葉から何かを結論できるほどには、わたしたちを導いてはくれません。それでも二つの相対立する自然の根本としての支柱（die zwei konträren Grundsäulen）、すなわちサムソンの謎に従えば、強靭《きょうじん》さと柔和さを暗示しているに違いないでしょう。最高の辛さと最高の甘さとが唯一の獅子の獣身の中に反映されているのですから。「食べる者から食べ物が出た。強いものから甘いものが出た」（士師記14・14）。しかしこう言ったとてわたしは誰一人として〔この支柱について〕説得できないのは当然のことでしょう。だからわたしはここではむしろ〔この絵の〕神殿建築を見ながら〔聖書〕原語〔ヘブライ語〕の単語〔複数〕が発している意味にとどまっていようと思う。ヤキン（Jachin）という言葉がそれで、「それは堅固にするであろう」という意味です。ボアス（Boas）は「その中には強靭さ（die Stärke）がある」という意味です。〔I列王記7・21—22〕

神は、内に強靭さ（die Stärke）そのものを含むのですが、王女アントニアの教示画をも、ひとつの塔〔という徴を通して〕堅固にしたもう（befestigen）。これで十分なのです。なにもかもみなその中にまとめて入れようとする人は、多くのことを為さなければなりません。神は特別な意味で醗酵《はっこう》をとげて激動するこの時代の中で、真理についての問題的な諸実験を甘受されておられるのです。ただ、わたしは〔そのような諸実験にとらわれずに〕ただ無くてならない益あるものへ（auf das Nützlichste）常に引き返してゆきます。それはまた最も容易なもの（das Leichteste）でもあるからです。

どうしたら神の10の流出口についての教義を単純なものとして表象したらよいでしょうか？

答えはこうです。神は底知れない深み、〔カバラーでは〕エン・ゾーフ（en Soph）であり、教示画では上部にあって自己自身の中に住みたもう方であります。彼はご自身を被造物たちにも分与なさろうとされています。だから流出は、最初はエン・ゾーフから、すなわち無底（urgrund）から発します、わたしたちは昔から賛美歌のなかで、「三一の神は、始原でありたもうたが、今いまして、将来もとどまりたもう神、今をもたらし、常にありたもう神に」と祈っている通りです。

神は、「冠（eine Krone）」としての第1の流出口〔セフィロート〕[6]（カバラではケテル Keter）を通して、言い換えれば、神は、神の最内奥である聖所（詩編150・1）の広がりの測りがたい周辺として、また言い換えれば、神の自己啓示への集中としてこちらに向かって来られるのです。

第2の流出口を通して神は、ご自身の中にご自身を見たもうのです（フォクマー Chokma）。[7] 第3の流出口を通して神は世界創造以前の原初的諸理念を差別して御自身の中に与え、現れるようにします。知恵が神の御前に創造をなしとげ、そうして神はその御業の意図を実証されたのです（箴言8章）。聖霊が知恵の秘蔵性を2から3へ、3から7へと区別し、またさらに無限へと広げていくように差別していかれます。（ビナー Bina[8]、ヨブ記11・6）。

第4の〔流出口〕（ゲドゥラ Gedulla[9]）を通して神はその諸力をご自身の中へと広大したもう（詩150・1）

（6）（訳注）「流出口（複数）」「流入口（複数）」と訳した言葉はカバラーでは「セフィロート」と呼ばれる。これは神的流出を段階づけられた十種にわけ、それら種類の個々がこの名で呼ばれる。この分類は13世紀以降すべてのカバラー的思想表現の中核を形成してきたものである。井筒俊彦『意識と本質』（岩波書店）（1983）270頁以下。『神の知られざる顔』L・バーガー編、岩松浅夫他訳（教文館）。

（7）（訳注）フォクマー（Chokma）は旧約聖書の特にヨブ記、箴言、伝道の書に多用され、イザヤ書、エレミヤ書などにも用いられている。「知恵」等と和訳される。

（8）（訳注）ビナー（Bina）は「知恵」と訳される場合は、他にI歴代誌22・12、II歴代誌2・12（11）、ヨブ記39・26等に出てくるが、また「悟り」「知恵」「知識」「理解」などと訳されている。

（9）（訳注）ゲドゥラ（Gedulla）は「王位」「大いなること」「爵位」「威光」「誉」などと訳される。

その力の拡大のゆえに神を讃えよ！

第5の〔流出口の〕ゲブラー[10]（Gebhura）を通して神はそれらを牽引し、収縮させて、わたしたちは神の諸々の御力（Gebhurot ゲブロート）のゆえに神を讃えます。

第6の〔流出口の〕ティフエレト[11]（Tiphärät）を通して神は膨張《エクステンジオーン》（伸張）と緊張《インテンジオーン》（収縮）の闘争の中から、愛らしい最高の美を造り据えていく。それは詩編作者が「御前には栄光と輝きがあり、聖所には美〔力と光輝〕がある」（詩編96・6）と歌っている通りです。

第7〔流出口の〕ネツァー[12]（Näsach）、――これは下位の7つの流出口の順番で数えたら、第4番目にあたりますが――、このネツァーを通して神は、破壊・消尽させていく力と保護・維持する力とのそれぞれの諸力闘争が、闘争しながら、至純の運動《アクトゥピュリシモ》による勝利（lanäsach）へと移行するように、その克服の働きをなさるのです。神の中には闘争から安息への移行はありません。それにもかかわらず、神が安息されたと語られても、それは空語ではないのです〔創世記2・2、出エジプト記20・10、申命記5・14〕。だから神の働きかける諸力や注入・流出の行程は、それらの力が安息するに至るまで持続するのです。神の中には変転はありません。しかし安息へ至る永遠の運動《アクトゥス》（Bewegung）があり、それは安息の内なる永遠の運動なのです。なぜ第4のセフィラ〔セフィロートの単数形〕が克服（Überwindung）と名付けられるのかは学問のあるユダヤ人にお尋ねになるのがよいでしょう。

第8〔流出口の〕ホド（Hod）は栄光（Herrlichkeit）と呼ばれていますが、これを通してさらに安息へと近づきます。栄光は新約聖書の基幹語です。すべてのものがそこへ向かって流入してゆくのです。「IIコリントの信徒への手紙3章」はパウロのカバラーです。

第9〔流出口の〕イエソド[13]（Iesod）を通してすべてのものがその存立《ベシュタント》を得ます。すべての意識感覚《センソリア》〔諸感覚〕やすべての反省的諸力、魂の不滅性、持続的な存立的なものすべてがここにその根をもちます。神は岩です。だから神の作品は完全です。（申命記32・4[14]）

第10〔流出口の〕マルクト[15]（Malkut）を通して神性は、最も純粋な選びの行為（actu purissimo endelechico）――これは活動的に進歩しつつ、平安へと、永遠の把握へと、安息へと、王国へと移行することであります。そしてこのことは主《アドナイ》（Adonai）の中で、すべての主の主、キリストの中で生起します。神性は

（10）（訳注）ゲブラー（Gebhura）は「公正」と訳される（「ユダヤの秘義」―カバラの象徴学、セヴ・ベン・シモン・ハレヴィー著、大沼忠弘訳）平凡社、17頁。

（11）（訳注）ティフェレト（Tiphärät）は「美」と訳される。同書同頁。

（12）（訳注）ネツァー（Näsach）は「永遠」と訳される。同書同頁。

（13）（訳注）イエソド（Iesod）は「基礎」と訳される。同書同頁。

（14）（訳注）（申命記32・4）「主は岩。その御業は完全でその道はことごとく正しい。真実の神で偽りなく正しくてまっすぐな方。（新共同訳）

（15）（訳注）マルクト（Malkut）は「王国」と訳される。同書同頁。

そこで人間たちにも天使たちにも、永遠の時よりこのかた秘められていた新しい立場をとりたもう。そこで神の秘密はキリストの秘密となるのです。

第2の問いは、流出口にはどのような種類の秩序があるのか、ということです。

わたしの答えはこうです。三や七には秩序があります。しかし何が最初の秩序であり、何が最後の秩序であるのか、そういう区別はありません。流入・流出口〔セフィロート〕は同等に永遠でありますが、それにもかかわらず、この啓示の中には三位の立場を暗示する何ものか、三つの自立した作用を表す何かがあるに違いないのです。そうでなければ、「今いまし、昔いたもう、将来来たりたもう方」と称することはないでしょう。さらに探求を進めれば、神の玉座の御前に、七つのともし火として立っている7つの霊は、同時に継起して相互に働くもの（etwas Sukzessives in simultaneo）であるにちがいありません。

第3の問いは、これらは完全に聖書にかなっているのだろうか、ということです。

確かにかなっています！　七つの霊ははやくも旧約聖書では、ひとつの石の上の七つの眼と呼ばれています。この眼は動くことが可能で、外へ向けば全地を巡りゆきます（ゼカリヤ書4・10）[16]、そして聖なる黙示録においては実際昼に輝いているのです〔黙示録4・5〕。黄金の燭台（ゼカリヤ書4・〔2〕）

は〔ともし火皿に〕七つの管を持っています。それで個々の管がまた七つの流入・出流を分け合うのです。神の霊の諸力の中で神の霊を認識すること以上に明々白々な（klar）ことがありましょうか。

三性（Dreiheit）は極めて高度に知的な事柄です。七性（Siebenheit）は、倍加された三性の住居であって、それが結ばれれば一性となります。第七の数において、栄光の内なる三性は、神の栄光には尺度がないにもかかわらず、諸力を量る一定の尺度が生じるのです。ああ、モグラほどの〔ささやかな〕理解力しかわたしたちは持たないのに、その理解の欠陥のゆえに、それは舌足らずの言葉を強引に自分の理解にもたらそうとします。それ以外にどうしようというのですか？　幸いなるかな、「神の御許へ行き、神の中に住まいを造ろうとする人は」を経験する人は！　しかし、ある魂が欠陥をもつにせよ、神の聖なる御言葉についての観念のひとつでも与えて頂けるなら、それは素晴らしいことです。信仰というのはよしんば理解力の大きな欠陥が伴っているにせよ、偉大な不屈性、偉大な力を持っているのです。わたしはユダヤ人の聖歌隊の若造から聞かされましたが、彼が言うには、年代的計測によれば、プラトンはバビロニアの賢者であるエレミヤやエゼキエルを通じてこの〔流出的な信仰の〕ことを

（16）（訳注）（ゼカリヤ書4・10）「誰が初めのささやかな日をさげすむのか。ゼルバベルの手にある選び抜かれた石を見て喜び祝うべきである。その七つのものは、地上をくまなく見回る主の御目である。」（新共同訳）

少しは聞いたのだということです。彼自身は〔その事実の偉大さを〕理解してはいなかったのですが。

それはともかく、わたしは旧約聖書の中の神の三性が流出的な仕方とは違う仕方で周知されていたとは思いません。預言書では、ヤハウェは自らを創造者であると呼びたもうのですが、しかしまた救済者とも聖徒を造る者《ハイリッヒマッハー》とも言いたもう。しかし神の秘密のそれに勝る明白な認識は新約聖書のみに留保されたのです。神はアルファであり、オメガであります。そしてイエス・キリストは神の内なるアルファでありオメガでもあり、そのようにして主は霊であります。（黙示録1・8、22・13、17、Ⅱコリント3・18）

第4の問いは「どのようにこれらの事柄がパウロによる神とキリストの神秘と比較できるのか」ということです。わたしは、素晴らしく一致している！　と答えます。ひたすらすべての御言葉をお読みください、それを考察してください、たゆみなくその努力に身を捧げてみてください、そうしたら神性についての至純の諸概念を見出しますから！　パウロだけが神性の充満を思いめぐらせています。その充満は底知れない神の深みからのもろもろの注入・流出を前提としています。そしてキリストの中に神が肉の身をまとっておられる。

アリストテレスは魂を完全実現態（Endelechia）と呼び、それはあるセフィーラから別のセフィーラへと段階を追って進んでゆく力であると言っています。彼はこのことを伝統《トラディツィオーン》から借用したのです。

魂は神の似姿〔ローマ8・29、ヘブライ1・3〕です。神は至純の活動（actus purissimus）です。彼は永遠の流出によりご自身から発してご自身へと、あるセフィラから別のセフィラ（endelechice）へと〔活動されます〕。彼はご自身を開示される実体（Ens manifestativum sui）です。彼は諸世界の永遠の表象力であるのみではなく、御父・御子・聖霊として十の流出口を通し七つの霊の住居の内で、彼ご自身でもあり、その住居が神の栄光です。だから神は父であり、栄光を生むもの（エフェソ1・17）もしくは十の反映（Abglänze）と呼ばれます。その働きは永遠にして静穏《ルーエ》へと向かいます。そして働きは持続し、ご自身をキリストのなかに身体となるまでに至ります、ついにはキリストを通してすべてのすべてとなるまで進み続けたまうでしょう。これらのことが古代ヘブライ人のもつ尊厳ある概念であります。王女アントニア妃は、〔教示画を通して〕救いはこうしてユダヤ人から来ると主張します。これを実証したのがイエスです（ヨハネ5・19、26、14・28、10・30）。

〔こうした根源力としてではなく〕神をすべての可能な世界を表象し、それを叙述する何らかの力なのであるとする〔近頃大学に流行した〕ヴォルフ主義によって、どういう結果になったかと言いますと、大学は、Idiopiiam や Metapiiam ないし communicationem idiomatum[17]〔属性の交流〕をわたしたちドイツの

（17）（原注）キリストの人格内部の二つの性質の交わりないし属性の交流に対する教義学的表現。

古い神学者のようにはもはや感動させることなく、それを無視し、解明することなく放置するまでに至っています。そのわけはそれがヴォルフ哲学に一致しないからだというのです。神が再び諸大学を助けたまわんことを！

三一性と七つの霊のすべての注入・流出口〔セフィロート〕であるそれらはキリストの中で彼の七つの眼となるに至ったのですが、パウロはこれを神とキリストの神秘と呼んでいます。わたしはこれらすべてのことについて哲学者たちとエゼキエルとを比較しながら、もっと詳細に論じようと思います。というのは、エゼキエルが、わたしたちに真の根本諸理念を提供しているからです。

わたしはこの話を終えようとしていますが、その前にわたしは王女の消息通でありますライト(18)（Raith）神学博士のこの教示画について語った「アントニアの塔」という献呈式の講演を思い出すのです。——わたしにはこれがテュービンゲンか、タイナッハか——どちらで公演され印刷に付されたのかはわかりません。その9頁目のアントニア塔（Turris Antonia）という言葉は、ヨセフスの『〔ユダヤ〕古代史』の14巻および18巻から取られた言葉と言われています。すなわちエルサレムのマカベア朝の祭司王ヨハネス・ヒルカノスが神殿の近くにその防御のために一基の塔を建築したのですが、これが北向きの岩の上にあり、50エッラの高さがありました。この神殿の中ではまだ大祭司の職衣が永遠の光に照らされて保存されています。ヘロデ大王〔前37—4〕はその4隅に4基の塔を増築するにあたって、この塔を拡張しましたが、拡張の最大では7エッラその他では5エッラ高くしました。彼はその塔をローマの三頭の支配者の一人アントニウスの名誉のためにアントニアの塔と命名させました。王女はその名にあずかったのですが、この教示画はその精神を理解するなら、三位一体教会にもその訪問者のすべてのひとにも逃れ場（Zuflucht）となるだろうと王女はお考えになったのです。キリストにおける神性の充満、それはすなわち十の流出口を通して掘り出されたヤハウェの聖名でありますが、神を信ずる者たちにとって義人たちがすべての困窮を受けながら、そこへ逃げ込む堅固な城なのです（箴言18・10）。特に社会の崩壊にあたっては、再び客人たちが集合することができるのです。それはなぜかと言えば箴言の18章には人が集合したときにはどのようにふるまえばよいのか、が扱われているからです。

〔博士の〕献呈式での説教にはまた神の十の反映《アプグレンツェ》〔として同じカバラーを主題とするアントニア妃の教示画とは少し相違しますが参考のため〕銅版画について〔の説明が〕付け加えられています。あらゆる反映はエン・ゾーフ（En Soph）から、〔すなわち〕神の底知れない深みから始まります。第1〔の反映〕は

（18）（原注）ライト Balthasar Raith（1616-1683）はテュービンゲン大学教授で、Ph. J. シュペーナーの友人。1673年三位一体の日曜日に「カバラの秘義樹木に起源する教示画について」の祝祭説教を行った。

ケテル（Keter）ないしは王冠（Krone）と称します。それぞれの反映は処女として描かれます。というのは、ゾハール(19)からの引用によって見るところ疑いもなく神のすべての栄光はひとりのマトローネすなわち〔老いた高貴な〕婦人の姿で描かれるからです。彼女の足元には一羽の楽園鳥が描かれています。なぜかと言えば天国の市民たちは天的なソフィア〔知恵〕の根源に近づきますと、三回の「聖なるかな」を聞くことができるからです。しかし彼女の頭部の周辺には七つの眼があります。**もう一つの反映**は知恵《ヴァイスハイト》ないしはソフィア（Sophia）と呼ばれます。彼女は一方の手で鉢中の秤《はかり》の小瓶をもち、他方の手で盃《さかずき》を持っています。それは知恵がすべてのものの尺度や数や重みを測るからです。その頭部の上方には、七つの星があり、下方には一羽の鷲が止まっています。それは第二セフィラ〔であるソフィア〕の観察者たちが数七をすべての被造物の根源素材のなかにある力の絆として崇高なものとして見ているからです。

第3の反映は創造されたのではない知性、言い換えればビーナ（Bina）です。これは、いわゆる第三のペルソナとして神性の深みを探求するからです。この老貴婦人の頭部をめぐって火のような七つの舌があります。右の掌中には聖霊の賢さを学ぶ徴としての一匹の蛇を握っています。左の掌中には鏡をもっています。御言葉の鏡の中でこれらのすべてがわたしたちの肝に銘じて受け取られてほしいからです。下方には再び一羽の鷲が三角形の錨《いかり》に止まっています。これは教えを受けてさらに進歩する眺望の希望を意味しています。これらの三つが上部の流出口および三一性を構成します。それぞれの主題をめぐり上部の三性と区別する七があるのです。

さて次に七つの下部〔流出口〕が来ますが、これらをカバリストたちはSephirot hatachtoniotと呼んでいます。これが七つの霊でして、それぞれ女性の姿をとっていますが、そもそもヘブライ語においても霊という言葉は女性であります。

第1の〔流出口〕は、ゲドゥラ(Gedulla)で右に果実の豊富な角笛を、左に平和のオリーブの枝のついた王笏《おうしゃく》をもち、足元には一匹の子羊がいます。これは知恵において神の次第に増大し拡張する力の柔和な源泉を意味します。知恵は神の衣服です。

第2の〔流出口〕はゲバラー(Gebhra)ないしは、増大する力とは逆の意味の厳しさを意味します。それは、伸張を中心へ向かわせ、集中させることによる目的形成であって、目的を拡大に対置します。だからこの老貴婦人は手綱を手にして際限なく伝達可能な神の力を引き締めているのです。すべての義の厳しい源泉がここにあります。天秤皿、剣、獅子、弓、そして支柱が示しているようなすべての獅子の強さの源泉です。

(19)(訳注)ゾハールはヘブライ語で光輝の意。カバラーの古典的著作物。おそらく13世紀に成立したらしい。著者は不明。(Nölle;Wörterbuch der Religion)

第3の〔流出口〕はティフェレト（Tiphärät）ないしは愛らしさ、内的な美、真心（Herzlichkeit）を言います。それは人間の心にその居場所をもちます。子供たちは母親の胸に、ひな鳥は牝鶏のそばに、小鳩はオリーブの枝の中に、こういうのは、まったく心の底から打ち解けたあり方です。神の栄光の中でも、この流出口は生の第一の力であり、どんな水でも解消することが出来ない愛の源泉です。それは火の一種であるからなのです。

第4の〔流出口〕はネツァー（Nächa）で、克服ないしは永遠と呼ばれます。この〔流出口の徴である〕処女は右手にアーロン[20]のアーモンドの杖をもち、左手には勝利の旗をもっています。地の床面には多数の戦争用の道具が置いてあり、左手には穀物の束[21]があります。読者よ、見てください、常に二つの力が相互に矛盾対立し、それらが相互に結合すると、第三の力となります。ここでは克服し打ち勝つ力と発現しようとする栄光とが、すなわち、消尽させる力と維持する力が争いあっており、ついに第六の〔流出口〕という形で存立の根基《ベシュタント》が顕現するのです。カバラー信奉者たちはその神学を通してこれらのすべてを一貫して導くことができますが、わたしたち〔ドイツ〕の神学では、最後まで停滞しなければならないのです。

第5の〔流出口〕はホド（Hod）と言いますが、これが本来的意味での栄光、賞賛、栄誉です。その処女の両手の竪琴、鋭く耳立てて聴く鹿、そしてオルガンがすべて良き名の賞賛を示しています。この世の栄誉だけではなく、神からの栄誉を求めよ、というのです（ヨハネ5・44）！

第6の〔流出口〕はイエソド（Jesod）と言い、存立根基です。そこには12の星を伴う黙示録的女性が、太陽を衣服に着て立っています。この女性は神から発する力が共同体《ゲマイネ》を通じて捉えられ、魂の反省をなす（in der Reflexion der Seele）存立根基として認識されることを暗示しています。第6の力は知恵の中にあり、すべての霊的な、不壊の知性の力の源泉です。これは、永続する何ものかです。そこでは啓示表現それ自身（manifestatio sui）がカバラーから取られています。

第7の〔流出口〕はマルクト（Malkut）で、神のすべての充満がからだをとって（leibhaftig）キリストの中に集中していることです。このことについてはすでに前に語りました。イエスはしばしば罪びとたちの前で誓って言われました。「アーメン。生きてわたしを信ずる者は、決して死なない」〔ヨハネ11・26〕。彼はみずからの十字架を栄光の条件として彼らの前に差し出します。彼の脇腹からは血と水とが流れてその足元には打ち勝たれた竜がいます。見てください、この教示画の鑑賞者たちよ、女性や男性の姿をとった天的な知恵を見てください！　あなたがたの判断を控えてください。そうして、自分たちがつくるさまざまな思考像《デンクビルダー》がありますが、それらは発する源泉そのものではなく、生命を得る者、同時に見ている者が湧出する源泉を指し示すさまざまな道標であると考えてください！〔「教示

（20）（訳者注）アーロンはモーセの兄（出エジプト記4・14）。ヘブライ語の意味は「覚者」。
（21）（訳者注）原文では eine Korngabe であるが、eine Korngarbe として訳した。

画」や「銅版画」のカバラー的な〕さまざまな像は掴まえてください、しかしそれらの像を知性へと変化させて理解するのです。それらをまたもや捨て去って、すべてのものを一挙に保持するのです！〔すると〕すべてのすべてはキリストであると、〔直観されるでしょう〕。

教義の中にあるのは、すべて〔固定的な〕比喩なのです。霊の中に入れば、人はそれらをまた動かし運用できますし、言葉の論争はやめて事態そのものだけを保持できます。それを掴まえたい人が掴まえるのです。分からない人がいるのであれば、分からないままにさせておきなさい（Ｉコリント14・38）[22]！　この絵はあなたの〔理解力にとって〕膨大過ぎて手も脚もでないと思われるならば、神はモーセをそれが見える空間に置きたもうた、そのことを思い出してください！

この絵[23]にはほとんど多すぎることが盛られています。神がわたしたちに聖書の理解に対する十分な理解の力を与えてくださいますように。神がわたしたちに健全な知性を与えてくださいますように。というのも、神とモナドについてのヴォルフ哲学流の根本理念を通してみると、残念ながら聖書の神学全体は本来とは異質なものになりますし、それらは聖霊の像には似ていないものとなるからです。しかしキリストにおける神の聖なる教義は、健全で非難の余地のない教えであるといってよいでしょう。（テトス2・1、7、8）[24]（「全集II 第1巻」11－22頁）

あなた、ああ　知られてはいても知られざる永遠の岩よ、すべての実体の主よ、あなたの御前では大きなものも大きくはなく、小さなものも小さくありません！　わたしたちは測りがたい大きさ、あなたは一定の場所なく、空間も場もなく、ひとりあなたご自身を永遠に観るものとして、あなたの知恵とあなたの知性の底知れぬ深みに住まいしておられます、わたしたちがそのような考察をして、あなたにしがみついたとて、わたしたちは自己を失い、あなたの無限性に何の支えもうることはないでしょう。わたしたちがあなたの御言葉を信じて支えとするならば、その御言葉の中で初めからすべてが共に存立維持されましたから、そのときは、わたしたちはあなたの無限な特性であるにもかかわらず、畏れ多いことではありますが、御言葉のなかにわたしたちは自分を見出すことができるのです。父の御ふところにある独り子イエスのみがわたしたちのために肉の姿をとって天から下ってくださったので、この御方によってわたしたちはこの瞬間にあなたによる支えを得ることが

（22）（訳注）（Ｉコリント14・38）「それを認めない者は、その人もまた認められないでしょう。」（新共同訳）

（23）（訳注）教示画の図像の解説は、Ｅ・ハルニッシュフェガー『バロックの神秘』、工作舎、１９９３年に詳しく書かれています。

（24）（訳注）（テトス２・１、７、８）「しかし、あなたは、健全な教えに適うことを語りなさい。……教えるときには、清廉で品位を保ち、非難の余地のない健全な言葉を語りなさい。」

できます。そのようにあなたはわたしたちに近づいてくださったので、あなたの生命の力、あなたの永存の力の大河が、神性の海へと、すべての美の源泉へと日々近づき駆り立ててゆこうとするのを、ああどうして忘れましょうか。わたしたちが自分自身の櫂《かい》を用いると多くの迷える方向になぜ漕ぎ出してしまうのでしょうか。それでもイエス・キリストにより、彼の霊の風によってその漕ぎ出しもまたその握《にぎ》りも強くされ、大きくされてゆくのです。

Ⅵ 指導者はソロモンの箴言をその家臣と共にどのように修練するか

I　ソロモンの箴言の意図とは何か？

答え　第一に知恵《ヴァイスハイト》を学ぶこと、そして自分自身を統御《レギールング》すること、義とされること（Rechtfertigung）、法（Recht）、公正（Billigkeit）を学ぶことである。第二に知の能力（Verstand）から発した言葉を理解し、応用することである。第三に健全な理性（Vernunft）への命令を受け入れることである。

II　どのように取りかからねばならないか？

答え　第一にさまざまな種類の知恵、そしてまたさまざまな種類の義を区別しなければならない。第二に順次、短いが深い含蓄をもつ言句を解釈し応用する見通しをつけること。第三にソロモンの方法をあるがままに受け入れ、他のものと混ぜないことである。

III　知恵とはどのようなあり方なのか？

答え　それが容易に憶《おぼ》えられるように、詩で理解してみよう。

花から花へ蝶のように動く人は賢者に出会っても一日とは保《も》たない。
賢者はそのこころを裁いて光にならわせるから。
賢者が罰すると、それが自分自身とその行いとの辱めとなるほかないから、人は憎しみをもち、恨むようになる。

1 〔箴言1章7節（主を畏れることは知恵の初めである）という〕認識がもたらされなければならない。
2 知の能力《フェルシュタント》の自発的活動（第2章1―9）
3 無くてならない益あるもの（Nützlichsten）へと向ける眼差し（第3章1―4）
4 ゆるぎない秩序の連鎖的結合（第3章19―21）
5 据えられた根底から右に左にいささかも逸脱せず、沈みもしない修練（第4章1）
6 さまざまな誘惑が魂に侵入した瞬間の、閃光のように素早い霊の臨在（第5章および第6章）
7 立ち止まるのか、それとも動くのか、語るのか、読むのか、書くのか、食べるのか、造るのか、祈るのか、信じるのか、このようなすべてのことの各々の場合のふるまい方(1)を訓練する機知(2)（第8章12―16）。

このようにすれば、移ろう二心はこれ以上根をおろすことなく、その代わりに人は知恵の柱を負うにちがいない。

（1）（原注）ふるまい方（zu bärden）とはあることに対処するふるまい方（sich gebärden）を言う。
（2）（原注）機知（die Witz'）とは、能力（Fähigkeit）のことである。

このことを自分で学ぶ者は、他の人にもいささか寄与できよう、神を畏れることが知の根底であることによる。

IV　義とはどのようなあり方なのか？

答え　ソロモンは、義とされること《グリヒテッヒカイト》のあり方を順次に教えるが、しかしそれに先立ってそもそも（箴言10章と11章で）義と公平とは何であるかについて語っている。厳密な意味での法《レヒト》（正義）については、12章で語っている。その後13章－22章となってやっと義の特殊なあり方を扱っている。すなわち13章では内的勤勉と外的勤勉を語る。14章ではすべて勤勉な行為に現れた内的な家の管轄およびその秩序に基づいた仕方を語る。15章、16章、17章では、安らぎをもちながら、神を信頼しつつ受ける、（エーティンガーの言うところの）〔外側からの〕摂理の働きを十分に活用することを、18章では社会生活でのふるまい方を、19章では謙虚であること、あるいはわずかなものでも、そばにあれば満足することを語る。その理由は、神の御前では皆低くされているからである。20章では忍耐を語る。21章と22章では神の祝福を受ける、寛容さと愛を論じている。

V　しかしこのような秩序は〔世によって〕強制されたものであり、〔それゆえ人によって〕案出されたものではないか？

答え　13章を考察してごらんなさい、第4節（「怠け者は欲望をもつが何も得られず、勤勉な人は望めば豊かに満たされる。〔新共同訳〕」）[3] の詩句は勤勉を論じているが、章全体もやはり同様それを論じていることがわかる。ところでソロモンの論じ方は次の通り。〔20章〕1—6節で内的および外的勤勉の〔現象形態〕を、7—12節で勤勉な者と勤勉でない者とをふるい分ける標識が何であるかを、13—20節で勤勉がその目的に達するために必要な手立ては何か、21—25節では、勤勉になるための〔真の〕刺激を与えてくれるのは何であるのか、を語り、しかも舌を制御することを一定の規則となすことを基本として繰り返し語り、結婚生活での富や貧困の落ち着いた用い方について、また良い友人たちの愛について語る。このようにして彼はあらゆる章句を用いてこうした問題をくりかえし提出し、さまざまな視点から一様に論じるといった仕方をとるのである。

VI　箴言14章にはどんな秩序がみいだされるか？

答え　義とされているというあり方は、知恵の七つの〔霊〕の一つと、それぞれの義のあり方が、隠された関係にあるということである。ソロモンが〔箴言14・1で〕「家は賢明な女性たちによって

（3）（訳注）（箴言13・4）「怠け者は願っても命に何も得ることは無く勤勉な人は命に極上のものが与えられる」（聖書協会共同訳）

建てられる。しかし愚かな女はひとりその手で家を破壊する」と始めている。[4] これは明らかにこの節が、知恵の第二の〔顕現の〕あり方、すなわちすべてのことに思慮分別して配置する〔霊的〕知性（Verstand）というあり方に関係していることをあらわしている。これが家を預かる主婦の像の譬えをもって表されている。この章の主要な〔主張の〕割り当ては、秩序だった配慮（第1節）〔という霊の知性〕が家を管理するためには必要である、という主張なのである。その中に耐久性（Beständigkeit）がある」（第2節）。[5] 第2節に対立するのが愚かな女の落ち着きのない高慢である（第3節）。[6] 家を管理するには実力者たちの努力が必要である（第4節）。[7] 忠実（第5節）[8]が、また争いを避けること（第6節と7節）が必要である。耐久するためには、多くの規則が必要となる（第8節と9節）。〔規則の内容とは〕

A：①家のすべてを見通すこと。②厳しさを自分にもたらすあり方（10—11節）③その決着からの展望に注目すること（12節—14節）④多くの妨げに遭遇すること（15—18節）⑤新たな刺激によって促されること（19節—22節）。

B：このような刺激のもとで根気よく働き続けることが強調される（第23節）。ただし落ち着きをもってすること（29—32節）。そうすればいわば利益を得て果実が得られる（33—35節）。

Ⅶ　わたしは箴言をこんな部門分け（分類分け）にするが、そこからわたしはどんな利益がえられるか？

答え　こうした方法を適用すれば箴言の言句が必要なあれこれの場合に、より容易に思い出せるであろう。箴言22章18節に従って(9)あなたの腹におさまり消化できるであろう。こうすれば対話する場合にも、全く分類しないよりは、ずっと容易に思い出すであろう。だから、ソロモンは「あなたはこれらの句をそばに集めて上手《うま》くあなたの口にのぼせることができよう」と言っている。

Ⅷ　15、16、17章はどのように組み立てたらよいか？

答え　これらの章は相互に関連があるにちがいないことが内容からわかる。それらは神〔から来た出来事〕の神慮や摂理に直面してどのように賢くふるまうか、をその内容とする。賢明さとは第

（4）（訳注）（箴言14・1）「知恵ある女は家庭を築く。無知な女は自分の手でそれをこわす」（新共同訳）
（5）（訳注）（箴言14・2）「主を畏れる人はまっすぐ歩む。主を侮る者は道を曲げる」（新共同訳）
（6）（訳注）（箴言14・3）「無知な者の口には傲慢の杖。知恵ある人の唇は自分を守る」（新共同訳）
（7）（訳注）（箴言14・4）「牛がいなければ飼い葉桶は清潔だが豊作をもたらすのは牛の力」（新共同訳）
（8）（訳注）（箴言14・5）「忠実な証人は欺かない。欺きの発言をするのはうそつきの証人。」
（9）（訳注）（箴言22・17–18）「耳を傾けて賢人たちの言葉を聞け。わたしの知識に心を向けよ。それをあなたの腹に納め、ひとつ残らず唇に備えておけば喜びを得る。」（新共同訳）

3章にも書かれていたが、自分の考えのままに任せるのではない。そうではなくて、神がわたしたちの考えを思いがけない摂理の出来事によって目的へと連れてゆかれるという事態に任せることである。主の眼がすべての場所で悪人をも善人をも見てくださり、わたしたちの言うことを支配しておられることを、しっかりと信じるときに、このような事態が生起する（15・1―4節）。そうなる筋道は、御父の教えをしっかり聞いて準備しておくことである（〔第15章〕5―12節）。そうすれば御父の顔にはうれしい〔笑い〕があり、語ることももっと楽にわかり、自分でもその唇の言葉が喜ばしいことを体験する（13―29節）。その結果は喜ばしい顔は心情を喜ばせ、良い評判が足腰を健康にする（30―33節）。

第16章も同様の内容である。神は語ることの中にも思うことの中にも働いてくださる（1―9節）。だから人は謙虚（第5節）で、善良で、宥和《ゆうわ》的（第6節）であって、足ることを知って（第8節）いなければならない。神は現臨されているのであるから、王たちの前にいるように尊敬のこころをもってほしい。尊敬のこころから、知恵や賢明さが生まれるのである（16―24節）。神に逆らって行為する者は愚者の輩であって、彼らは摂理を否定しているのである（25―30節）。わたしたちを刺激し、それへ（知恵と賢明の探究へと）駆り立てるものは何か、それが31―33節に書かれている。

第17章の内容は次の通り。神の摂理を尊ぶ人は、充足するようになる（1―9節）。さまざまな愚者がおり、愚者には多くの種類がある（10—15節）。多くの争いがない中庸の立場は賞賛を受け（16—22節）、悪い時代に巡り合って多くの騒動がある場合でも平和に暮らす規則が得られる。（23—28節）。このような内容全体から明らかに見てとれることは、この章はこれまでの章とは全く別の内容であることと、ソロモンが〔出来事の〕神の予知と現臨を考察することにより、自足する（Zufriedenheit）という特別の徳を称揚していることである。こういう区分を真に身につければ、そこから必要な箴言は適宜に思い出すことができることを否定できないであろう。

IX　第18章の組み立てはどのように学べばよいか？

答え　内容は仲間との生活での平和的態度の取り方である。（人間の）仲間の中にはさまざまな人たちがいる。本物や偽物の分離主義者、神を信じない者たち、賢者、愚者、陰口をたたく者、怠け者（1—9節）である。こういうすべての者たちが蠢《うごめ》く中で、神の御名において堅固な城にいるのであるから起こるすべての事に用心するのである（10—15節）。人が仲間たちの中で平和に首尾一貫して暮らすためには、あらゆる手段〔富〕を用いなければならない。すなわち贈り物、料理、運、対話、その妻、友人たち（16—24節）〔などを用いなければならない〕。ソロモンがこうした仕方で理解したと主張したことが、再びよくわかるようになる。

X　第19章では謙遜を論ずるはずであるのに、むしろ貧困について多く語られているのはどうしてか？

答え　謙遜は、貧困な人たちの間では富裕な人たちの間におけるようには稀なことではない。とはいうものの、魂についての認識もしくは魂の霊的な平安のないところでは、そこが十分に貧困〔な状態〕だとは言えない。はかないこの世の利益があると、素早く両足を使って〔それを得ようとする〕のが大抵の仕方で、つまり神に対して不平を鳴らす。貧困は、人を偽りの証や嘘へとそそのかしてゆくのだ、とこれらのことをソロモンは言う（1—10節）。ソロモンはいろいろと〔貧困状態よりもむしろ範囲の広い〕偶然の事態を挙げている。こういう偶然時でこそ謙遜と寛容さが必要なのである（11—17節）。子どもたちは早期のしつけによって謙遜と貧困に耐えるように慣れさせなければならない、そうでないと、最善の真理をあざ笑う結果となる（18—29節）。これらのことは人間の本質にもとても適ったことであり、それゆえイエスは最大の謙遜者であった。彼は最も困窮していた人だったからである。だから20章が19節と結びつき忍耐を論じているのも確かに理解できる。

XI　加えて〔20章での〕あなたの区分わけをわたしに語ってください！

答え　必要な忍耐ができない最大の原因が、葡萄酒をみだりに飲むこと、主人である君侯からの恵みの不足、さまざまな争いに巻き込まれること、そして怠惰から来る貧困である。しかし忍耐することには、深い水が静寂を特徴とするように、深い理解力がその根底となる。忍耐は神への恐れにより、そして傍らに神が臨在されるという不変の忠実な思考により持続されてゆく（〔20章〕1—12節）。忍耐できないことを防ぐためには13—18節が役立つ。忍耐できないで爆発する事態は19—25節が示している。魂の中に常に神が臨在されることがすべての徳の根源である。徳を失うことの結果がさまざまな打撃となる（26—30節）。

XII　第21および22章の内容がどうして神の恵みの寛容と愛になるのか？

答え　ソロモンは〔第21章〕第3節で「義（Gerechtigkeit）と正義（Recht）とを行うこと、それは主にとって犠牲よりも好まれる。[10]」と言う。これが第21章の主要内容である。だからその真意は「忍耐の中から現れてくる神の恵みの平安《グラッセンハイト》は、神によって御意《みこころ》のままに建てられ形成されるので義や公平によくかなう。神を信じないであざける者は、およそ何ものも得ない」（〔第21章〕1—3節）ということである。〔第21章〕4—15節では神の恵みを受けることが、それ自体で叙述されるというよりもむしろあざける者の反対の極として叙述される。神を侮《あなど》るこのような者たちの不幸な最後は〔第21章〕16—19節に描かれている。この章〔第21章〕のその他の句は神に根拠をもった祝福

（10）（訳注）（箴言21・3）「神に従い正義を行うことは、いけにえをささげることよりも主に喜ばれる。」（新共同訳）

への勧めであり、〔第21章〕24―29節の句は神を侮ることに対する警告である。〔第21章〕30節と31節の示すのは、すべての事《こと》が神の統治に依存すること、そして神の祝福を最高度に受けるとは、川の流れのように自身を神によって象《かたど》られて形成されることである。

第22章をもって矛盾対立の形式で書かれた範囲でのソロモンの箴言は終結する。後続する章はこのような方式は持っていない。〔第22章の〕内容は次の通りである「人が良い名声を得ようと思うならば、それは愛によって起こることであり、愛することには気配りと優しさが伴わなければならない（〔第22章〕1―5節）。

そのためには幼児期からの良い指導が必要である〔第22章〕（6―16節）。[11]〔第22章〕17―21節ではソロモンは自分の箴言の重要性を指摘する。

ペテロはこのような〔ソロモンの箴言の〕徳の連関を事実上認めているのではあるが、言葉として目に浮かべるような表象を持たなかったように思われる。（Ⅱペトロ1・5―11）

（「全集Ⅰ 第5巻」233―240頁）

（11）（テトス2・6―8）「同じように、万事につけ若い男には、思慮深くふるまうように勧めなさい。あなた自身良い行いの模範となりなさい。教えるときには清廉で品位を保ち、非難の余地のない健全な言葉を語りなさい。そうすれば敵対者は、わたしたちについて何の悪口も言うことができず、恥じ入るでしょう。」（新共同訳）

Ⅶ　「主の祈り」の願いにならう朝と晩の祈り

最初の願い：天にいますあなた、わたしたちの父よ、
あなたの御名が崇められますように。

日曜日の朝の祈り――　ヤハウェ、慈愛の父よ、あなたの御名を知るのに、また、あなたを崇められるものとするのに、あなたの御子、イエス・キリストは直ちに啓示なさいましたのに、わたしたちはきわめて拙《つたな》いものです。だからあなたの愛を聖霊によってわたしたちに注いでください、聖霊を通してわたしたちはわたしたちの父とキリストの内なるわたしたちの神を真にお呼びすることができるのです。ああイエスよ、今日もまたわたしたちに向けて天の父の恵みの息吹を真に力強く来たらせてください、わたしたちがあなたの内で、真の安らぎに至り、正しい心の安息日を祝うことができるためです。生命を与えてくださるあなたの御言葉がこの週全体に渡って、わたしたちを聖ならしめ、強めてください、それによってわたしたちがあなたの聖なる御名を次第に深く知り、賛《あが》め讃えることができるためです。偉大な父の御名をわたしたちのために次第に明らかに開示してください、そうしてわたしたちが子供らしい信頼をもって、身体と魂とに益があり、また祝福ともなるすべての事を神に願って得るようにさせてください。そうすれば、わたしたちは聖なる御名にあって、勝利の歓呼の声をあげ、わたしたちの身をもって証してくださるその御業、奇跡、行いを、神をほめたたえるために他の人々に語り、祈りの心のうちに飽くことなく、常にとどまっていたいです。アーメン。

日曜日の夕べの祈り――　あなたに向かって、ああ主よ、朝ごとにあなたの恩恵を、夜ごとにあなたの真理を告げ知らせようと、賛美の歌を歌うこと、それはすばらしく楽しいことです。あなたはあなたの御顔の前に歩む人々に対して、あなたの甘美な御名の中には、そしてあなたの聖なる御名とあなたの御約束の中には、どのような祝福が含まれているかを、生き生きと経験させてくださいます。そのためにあなたが讃えられますように！　あなたの御霊が、わたしたちの中に植えてくださったものを守ってください。わたしたちがあなたの御意《みこころ》に従って生きられなかったこと、また、あなたの御名の認識をなおざりにしたことをお赦しください。今夜わたしたちを愚弄しようと試みる暗闇の君主〔サタン〕からわたしたちを守ってください。彼は、わたしたちが時間を祈りに向けないように、自分でいいと思う方向にさまざまな仕方で歩ませようとしているのです。ああイエスよ、わたしたちはあなたの御心に自分たちをそしてすべての人々をゆだねます。アーメン。

月曜日の朝の祈り――　最愛の救い主よ、御名とあなたの父を知ること、そしてあなたの御国とがいつもわたしたちの心にありますように。ダビデや神の人々は皆、すべての地上の民族があなたを誉め、あなたにひれ伏すことをあらかじめ見て喜びました。しかしわたしたちが生きる今ある世界は思い煩いに支配された時代であります。あなたの御国の将来がわたしたちに唯一勇気と慰めを与えるものであります。その時こそあなたの御名とあなたの完全性が、誉め讃えられ、聖とされるからです。全世界はあなたの御国がそこに顕現されるために創造されたのです、このことを正しく熟考することを教えてください。わたしたちが自分にふさわしい希望と共に、常にそれへ向かって目を開くようにしてください。そしてわたしたちもあなたの御国の未来のために共に働くようにさせてください。御国のために役立たないものはわたしたちから取り除いてください。わたしたちの歩みを天的なものの中で進めてゆかせて、何よりもまずあなたの御国を得ようとさせてください。あなたはその他の必要のものはそれに添えてわたしたちに送ってくださるからです。アーメン。

月曜日の夕べの祈り —— 主イエスよ、あなたはわたしたちこんな哀れな罪びとを、あなたの御国に属する者とする資格ある者と評価してくださいます。だからわたしたちが聖なる業をなし、すべてよこしまな事を避けて、愚直に行為し、常に真実のうちにありますようにしてください。あなたのみ霊によってわたしたちの口を守り、わたしたちの舌を制することを教えてください。わたしたちの隣人を愛し、彼を罪に定めるようなことはせず、分別と業とによって喜んで助けに向かわせてください。神を信じない人々を避けるようにさせてください、それとは逆にあなたの子供たちとは次第に緊密に結ばれるようにしてください。そうすれば、わたしたちはあなたの聖なる山上にとこしえにとどまるでしょう。アーメン。

第3の願い——　あなたの御心が行なわれますように、天におけるように、地の上にも。

火曜日の朝の祈り——　天の救い主よ、わたしたちがこの第3の願いを正しく理解しようとするならば、なんという広やかな心を持たなければならないでしょうか。神の御意《みこころ》が天に行われているようにここで完全に行われるためには、全地がその方向へと向かわなければなりません。ですから、ああ慈悲深い神よ、すべてのものを越えてあなたを愛し、隣人を私自身のように愛する恩恵をわたしに与えてください。ただあなたのほか、誰かを気に入り求めるようなことはないようにしてください。あなたの聖なる御意を行うことの他何事をもなすことを欲しないようにしてください。愛する主よ、私自身を信ずることなく、あなたのご功績だけに信頼するようにさせてください、そうすればわたしに益あることを為すようにしてくださるからです。あなたの御意はわたしがあなたを愛するということです。だからわたしをわたしの自己愛から解き放ってください。あなたの全能をそしてわたしの無能を認識させてください。あなたの苦い苦悩をわたしの心の中に深く刻ませてください。それはわたしがそこからあなたの御意を為す力を汲みだすためです。あなたの愛は、あなたがわたしのためにご自身を死に至るまで与えてくださいましたので、わたしを駆り立ててあなたのために御前に気に入られることすべてを為し、御前に忌み嫌われるものすべてを捨て去り、あなたがわたしに送ってくださるものを耐えるようにさせてください。わたしに終末の出来事を常に目に浮かぶようにさせてください。わたしがあなたを恐れて永遠の生命を獲得するに至るためです。アーメン。

火曜日の夕べの祈り――ああ神よ、わたしが今日あなたの御意をどのように為したか、わたしの心を吟味してください。あなたのみ霊が、わたしが真っ直ぐな心であなたの御前を歩んでいるということを、わたしの霊に証してくださいますように。あなたが今日もわたしの中でどれほど恵み深く、好意をもって、かつ、完全な神の御意をなしえていたもうたかを気づかせてください、言い換えれば、どこで神意をわたしの眼が見失ったのかを、〔わたしの心を吟味して〕わたしに気づかせるようにしてください。ああイエスよ、あなたの聖なる活動をつねに生き生きと思いうかべることができますように、そしてわたしを新生させ、どのような人に対しても好い香りであり、義の実に満ちてみ父の誉れと賛美となりますように。アーメン。

第4の願い――　わたしたちに必要な糧を今日もお与えください。

水曜日の朝の祈り――ああ神よ、永遠の父よ、あなたがわたしのために一つの天職をお与えくださり、理性と分別をもってあなたのご栄誉のためにまたわたしの隣人の最善のために働くことが出来ることを感謝いたします。わたしが管理するもの、それはあなたの御手に由来します。わたしは何も自分のものを持ちません。ただ地上の巡礼者であり、列席者に過ぎません。三位一体の神、あなたがすべてご自分で働いてくださいます。すべてはあなたのものであり、わたしのものは何一つありません。日々の糧もただあなたただけからいただきます、するとあなたの意に適うままわたしを満ち足りるようにしてくださいます。今日どうか正しく目覚めつつ、節度をもって歩むことをおゆるしになり、肉において生きることを、神の子の信仰をもって生きるようにさせてください。わたしたちがこのように身体と魂をもってわたしたちの仕事に没頭するあまり、それであなたのことを忘れてしまうなら、わたしたちはしばしばあなたに罪を犯すことになります。どうか、わたしたちの心にわたしたちが常に留まることが出来て、御霊によってわたしたちの魂を我執から引き抜き、神の中の安らぎを通して、わたし自身の仕事を行うことが出来ますように。週の只中の今日も本当の糧と生命の水をわたしたちに送ってください。そうすればわたしたちは魂を飢えるままに放っておかず、魂をあなたの御言葉の力によって強めることでしょう。あなたを、わたしに、わたしの政府に、わたしの家族に、友人たちにそして敵たちに与えてください。アーメン。

水曜日の夕べの祈り——　偉大な神よ、わたしたちの生きる日々は、苦しみと惨めさに満ちています。わたしたちは自分の腕に依り頼み、自分の手の業に依存して完全にあなたを信頼するということはありません。わたしたちは、わたしたちの身体のために糧を探していながら、生命のパンを忘れるからです。地上の宝を集めることにあくせくしないで、むしろあなたの中で富める者とさせてくださ い。そのことをわたしたちが認識するようにさせてください、もしもわたしたちが生命のパンを十分にいただくことなく、永遠の生命の湧き出る恩恵の純粋な大河から飲むことがないならば、わたしたちが健やかでないようにさせてください。アーメン。

第5の願い――そしてわたしたちの負い目を赦してください、わたしたちも自分に負い目のある人を赦しましたように。

木曜日の朝の祈り――永遠の父の愛がイエス・キリストの血にあって聖霊の力によりわたしたちを祝福してくださいますように。わたしたちは、今日へりくだり、わたしたちの罪の負い目とイエス・キリストの大きな憐みと苦悩と死を思い出そうとしています。わたしたちはあなたの慈愛の恵みの充溢をわたしたちの身に満たすことをしないで、わたしたちの洗礼の契約から離れて、かつ、わたしたちの魂を天においてよりも地において多く養ってしまったことを告白します。日々心を新たにすること、それをなすにもいかにわたしたちは弱いことでしょう。こうしてわたしたちは何と大きな負い目を自分たちの上に積み重ねてゆくことでしょうか。だから今日イエス・キリストを、主を、死から力を奪い去り、生命および滅びないものを光の明るみへともたらした人として、正しく強くわたしたちの目に浮べるようにさせてください。そうすればわたしは、わたしの罪からの救済の力を聖霊の中で生き生きと体験します。わたしの神よ、キリスト教世界の相互の向上のために奉仕する神の教会や学校、貧窮院や孤児院やその他の施設、あなたによって神の生命に至ることを望んでいるすべての途方に暮れている人々、困惑している人々をあなたの恵みの中にゆだねさせてください。アーメン。

木曜日の夕べの祈り――　主イエスよ、あなたがわたしのために神への生ける道となろうとしてくださること、そして、わたしの罪に対する償いをわたしの魂にたいしてキリストの中に強めてくださること、これらのことを今日祈りました。なおわたしの中に潜んでいるすべての躓きから身を引き離すことを教えてください。そして永劫の罰についての真の観念を、およびあなたが大祭司であることの真剣さと強さを考察することを教えて、わたしの心が新たになることを実現させてください。これに加えて霊の塩をわたしに送ってください。わたしの心を日々新たにすることによって、堅固なものにしてください。そしてもしもわたしが世にあって不安に陥るなら、その時はわたしの魂が心からあなたに思いを寄せますように。あなたの恩恵の御翼の陰にわたしを安全に憩わせてください。そしてわたしが再び目覚めるとき、あなたの御もとにおりますように。アーメン。

第6の願い —— わたしたちを誘惑に遭わせないでください。

金曜日の朝の祈り —— 主イエスよ　あなたはいたるところで誘惑をお受けになっていますが、これを勇敢に耐え忍び、そのことを通してその足跡に続くようにと模範を残されました〔Ⅰペトロ2・21〕[1]。常に暗闇の力に囲まれているわたしたちが、信仰の創始者また完成者であるあなた〔ヘブライ12・2〕[2]を、あなたの戦いの中で聞くこと、そして、祈ることによって正しく見つめることを教えてください。霊の武具をわたしたちの身に着けさせてください〔エフェソ6・11、13〕。そうすれば霊的な悪事を、天のものによって、わたしたちの悪い心から来る人間的な誘惑を、あなたの勝利の力で闘うことができます。そうしたらわたしたちはあなたの内でわたしたちの勝利を喜ぼうと思います。アーメン。

金曜日の夕べの祈り —— 天の父よ、あなたは今日わたしたちの救い主の模範をもってわたしを支えてくださいました。サタンは、思うままにしたいことをしてわたしを誘い去ろうとしました。しかし、あなたの信義《トロイエ》は耐えられる限度を超えて、誘われるのをわたしに許されませんでした。このことを感謝します。わたしには、なお欠点がさまざまにあります。わたしは戦いますが、しばしば疑いやいらだちに陥ります。しかし、主よ、あなたはいつもわたしをあなたの御思いへと導きたまいます。どうかあなたの御言葉がこれからもわたしの道を照らす光となってください。あなたを信ずる者を守り、誰も戦いに倦んだりやめたりせずに、信仰によりあなたの御力によってわたしたちを保ち、救いへと至らせてくださいますように。アーメン。

第7の願い —— わるい者から守ってください。

土曜日の朝の祈り —— ああ主よ、わたしたちの神よ、わたしたちの惨めな有様をご覧ください。わたしたちはイエスに、わたしたちの主にお仕えしています。すべてがわたしたちの中で光となるはずなのに、まだ幾分かの死の影がわたしたちを暗くしていますことを、わたしたちは嘆かなければなりません。ああイエスよ、あなたの貧しきご生涯がわたしたちの勇気となるようにさせてください。あなたもまたあなたの愛する父が日々あなたに分け与えたもうもので満足なさっておられたのですから。あなたはあなたのご栄光をご覧になりました。わたしたちにもそうするようにさせてください。わた

---

(1)(訳注)(Iペトロ2・21)「あなたがたが召されたのはこのためです。というのは、キリストもあなたがたのために苦しみを受け、その足跡に続くようにと、模範を残されたからです。」(新共同訳)

(2)(訳注)(ヘブライ12・2)「信仰の創始者また完成者であるイエスを見つめながら。このイエスは、御自身の前にある喜びを捨て、恥をもいとわないで十字架の死を耐え忍び、神の玉座の右にお座りになったのです。」

したちは、あなたの仕え人でありますが、遂には生きることと死ぬことを通して貴方の御許に迫り、あなたの御許に留まるまでに至りたいのです。ハレルヤ！　アーメン！

土曜日の夕べの祈り――　まことの父よ、わたしたちはこの週にあなたの慈しみと憐れみ、知恵そして真理をわたしたちに知らせてくださいましたことを感謝いたします。そうしてくださるのに、わたしたちの心が空しく動かないままでいることのないようにしてください。ああイエスよ、あなたの祈祷があなたご自身のみ霊を通してわたしたちの中で栄光に輝くようにしてくださり、わたしたちがその広さと長さ、深さと高さを次第によりよく悟ることを教えてください〔エフェ３・18〕。[3]わたしたちがあなたの摂理すべてを、あなたがそれによって栄誉を保たれ、わたしたちも死の中にあっても勇気を持ち続けることができるように用いる事を教えてください。その時には、あなたがすでに打ち勝った悪魔は、わたしたちにもはや何も手出しできないでしょう。わたしたちは自分たちを、そしてすべての人間たちを、あなたの御手のうちにゆだねます、そしてあなたがさらに天の財宝をたずさえ霊の祝福をもって祝福を与えてくださるまではわたしたちはあなたを離しません〔創世32・27〕。[4]アーメン。

（「全集Ｉ 第５巻」569頁）

(3)(訳注)(エフェソ3・18―19)「また、あなたがたがすべての聖なる者たちと共に、キリストの愛の広さ、長さ、高さ、深さがどれほどであるかを理解し、ひとの知識をはるかに超えるこの愛を知るようになり、そしてついには、神の満ちあふれる豊かさのすべてにあずかり、それによって満たされるように。」(新共同訳)

(4)(訳注)(創世32・27)「『もう去らせてくれ。夜が明けてしまうから』とその人は言ったが、ヤコブは答えた。『いいえ、祝福してくださるまでは離しません。』」(新共同訳)

使用した原典

Friedrich Christoph Oetingers, Heilige Philosophie. Ausgewählte Gedanken zum Verständnis der Schrift, 1965
(Zeugnisse der Schwabenväter)

なお、同名の著作が本書の前に出版されていたが、それは内容が全く異なる主著の抜粋であった。

出典箇所

本文テキストの選択箇所はフリードリッヒ・クリストフ・エーティンガーの次に挙げる著作から採られたものである。個別のテキストの終わりに記された名称がそれぞれの引用著作を示す。

Sämtliche Schriften I und II. Abteilung , herausgeben von K. Chr. E.Ehmann 1858 ff (abgekürzt Sch)
『全集』Ⅰ巻とⅡ巻、K. Chr. E. エーマン編集、１８５８年より数年次刊
Einleitung zu dem neutestamentlichen Gebrauch der Psalmen, 1748 (abgekürzt: P)
『詩編の新約聖書的使用についての序言』１７４２年刊
Das rechte Gericht, 1748 (abgekürzt: G)
『正しい審判』１７４８年刊
Biblisches und emblematisches Wörterbuch ,1776 (abgekürzt W)

『聖書とエムブレムの辞書』１７７６年刊

Historisch-moralischer Vorrat von katechetischen Unterweisungen ,1762 (abgekürzt V)

『教理問答の歴史的・道徳的蓄積』１７６２年刊

Neuherausgekommne Evangeliumpredigten, 1818 (abgekürzt EP)

『新しく発刊された福音の説教』１８１８年刊

Grundbegriffe des neuen Testaments in einem neuen Jahrgang von Predigten, 1824(abgekürzt GB)

『新年次の説教における新約聖書の根本概念』（１８２４年刊）

Die Theologie aus der Idee des Lebens abgeleitet, heraus gegeben von Dr. J. Hamberger, 1852, (abgekürzt T)

『生命の理念に導かれた神学』、Ｊ・ハンベルゲル博士編、１８５２年刊

Geistliche Lieder, 1933 (abgekürzt L)

『霊的な歌』１９３３年刊

Fr. Chr. Oetinger Leben und Briefe, herausgegeben von K. Chr. E. Ehmann, 1859(Abgekürzt: E)

『Fr. Chr. エーティンガーの生涯と手紙』Ｋ・Ｅ・エーマン編集、１８５９年刊

注記：本書巻頭の「はじめに」はこの書の編集者、神学博士レッセル（Dr. theol, J. Roessle）の文章である。
なお、本書第三部の小品集では「ロマ書の構成」が抜けているが、これは『自伝』に編入する予定である。

解説　『聖なる哲学』

金子晴勇

本書の「はじめに」はこの精選集の編集者による本書の概要が紹介されている。これはドイツ人の読者のために書かれたものでり、日本の読者にとっていくつか説明しておかなければ分からない概念が使われていいます。彼の思想を理解するためには『自伝』がもっとも役立つが、本書に続けてそれは出版されるのでここではそれに言及しない。ただし必要最低限の知識は不可欠と思われるので、エーティンガーの生涯と彼の思想の概要を述べてみたい。

エーティンガー（Oetinger, Friedrich Christoph 1702-82）はドイツ敬虔主義の中でもっとも個性的な思想家であり、今日とくに注目に値する霊性思想を確立した。彼はゲッピンゲンに市役所の書記官の子として生まれ、テュービンゲン大学で哲学と神学を学び、ヴォルフ（1679-1754）の哲学に触れたが、それに満足できず、ベーメの強い影響を受けた。一時テュービンゲン大学の神学寮の補習教師となったが、ついに牧師となり、やがて教区監督から監督長となった。主な作品を挙げるなら、『再生に至る福音的順守の概略』、『生の理念から導きだされた神学』、『共通感覚の研究』、『自伝』である。

(1) 神学方法論の概要

彼の神学方法論は『六つの主要点にまとめた生命の理念から導かれた神学』(Theologia ex idea vitae deducta in sex locos redacta, 1765) に纏まった形で示された。ここにある六つの主要点というのは「永遠の生命の言葉」(ヨハネ6・68) に関するプロセスであって、①生の源泉としての神、②生の息吹の器としての人間、③神の生命からの疎外としての罪、④新たな生を告げるものとしての恩恵、⑤生命の精神が働く教会、⑥死と生の境界を指している。この著作の前書きにはこの神学思想の構造を決定づけている次の四つの観点が提示される。

(1) エーティンガーは神学を自然において生命が発生する過程からその方法を導き出したので、神学を「発生的 (generativ)」、もしくは「成長的 (wachstümlich)」と名付けた。

(2) 中心概念である生命 (Leben) から先の六つの状態が展開して叙述される。その際、真の体系には「一つのなかにすべてが、すべてのなかに一つが」含まれていなければならない、と説かれる。

(3) この生命の理念は救済史的な展開からなるプロセスからその六つの状態の区別が生じる。この神学の基本理念はキリストを介して間接的に被造物へと生成した神の生命である。

(4) この六つ状態のそれぞれに、①共通感覚 (sensus communis)、②聖書の神秘、③教義の定式が探究される。エーティンガーでは聖書・自然 (Natur)・歴史の三者がともに互いを補完しあう神の啓示の源泉であった。もちろん聖書が最上位を占めるにしても、聖書と自然という二つの啓示形式によって彼の神学体系が形成された点が特徴となっている。なかでも人間は、神による人間の創造目的に適合する認識の器官である「共通感覚」(sensus communis) をもっている。これは数学的あるいは分析的な認識がなくとも、人間を真理に向かって導く高次の本能である。これによってエーティンガーは独自な霊性思想を展開させることができた。なお共通感覚に関する著作には『共通感覚と理性の吟味』(Inquisitio in sensum communem et rationem, 1753) や『共通感覚の真理』がある。この「共通感覚」論が登場するようになったのは、ツィンツェンドルフの分散的な聖書解釈との論争などから聖書そのものに立ち返り、「謎に満ちた特殊な真理から、共同体の人々 (gemeine Leute) とともに聖書の中心、つまりエーティンガーがルターに見たところの義認へと到達した」結果から生まれた。

(2)「心の根底」概念について

それに先だって本書でも頻繁に使用される「根底」概念についても説明しておかねばならない。この概念はドイツ神秘主義者エックハルトに淵源し、その弟子のタウラーによってキリスト教化され一般に使われるようになり、さらにルターよって、キリスト教的な「霊」に変えられ、その後、敬虔主義に行き渡り、シュライアマッハーに至るまで使われるようになった。この根底は「魂の根底」(Seelengrund) として多く使われ、その意味は感性や理性よりも深い心の作用であって、神秘主義思想に共通する概念となった。それは感性や理性よりも高次の認識を指し、霊性の働きとみなされた。エーティンガーでもこの概念が使われるようになった。

(3) 霊性は『共通感覚』として説かれた

エーティンガーは力説したのは人間に共通する、もしくは社会生活を営んでいる道徳的な感覚、したがって「一般的な真理感覚」(allgemeines Wahrheitsgefühl)を道徳的な自然本性・聖書とくに「ソロモンの知恵」・イエス・キリストのうちに見いだし、これを「共通感覚」(sensus communis)、ないしは「共同感覚」(Gemeinsinn 公共心)と呼んだ。それは「万人が共有する真理の感得作用」のことであって、かつてメランヒトンがルター派教会において説いた伝統的な考えにもとづいている。

それがエーティンガーの場合には、本来の普遍的で人間的な感覚(Empfinden)や思考などの直観的な明瞭性と結合され、それが真理感覚(Wahrheitsgefühl)として神に対しても適用された。このようにしてそこから霊性の機能が説かれるようになった。それは認識の中枢に属する器官であって「それの奥底において全体のように一つに帰属している原理である。それは「対象的なものと直接的な触れ合いから」起こってきており、理性的なものから発する稲妻のように諸々の真なるものを貫通している。彼は一般の人々である共同体の民衆に神によって与えられた真理の感覚的な端緒を見る。この感覚の有効性は「神の似姿」である人間性によってすでに保証されている(Oetinger, Inquisitio in Sensum Communem et Rationem,1753, S.155;29)。

このような「真なるもので内的に想起される感覚」は神的な根源に属しており、「真正なすべてのものに対する最深の本能」として神の知恵から流れ出てくる。この知恵は人間をして自己自身を超越して高め、それによって神みずからをその内心において教育する」とみなされる（op. cit., S. 54; 147. E. Zinn, Die Theologie des F. Ch. Oetinnger, 1932, S.72 参照）。彼は一般の人々である共同体の民衆に、神によって与えられる真理の感覚的な端緒を見る。この感覚の有効性は「神の似姿」である人間性によってすでに保証されている。そこで共通感覚は次のように語られる。

共通の認識はしばしば哲学的な認識よりも実りが大きい。聖書がそのことを示す。聖書は人間の心について夥しく語っているが、身体から切り離すことができる心臓ではなく、心のもとで共通感覚（sensus communis）、つまりそこにおいて神の力が神の言葉によって植え付けられる仕事場（Werkstatt）を理解している。この共通感覚は何かとても明瞭なものであるから、それは何ですかと彼らがだれかに質問してみると、人が彼に尋ねたことを恥ずかしく思う。というのは、それは人がそれを明確な思想となそうとするときよりも、それ自身で明瞭であるから。したがって聖書は心という言葉を定義していない。……とはいえ何かとても隠されているもの（etwas sehr Verborgenes）であるし、一般的な語り方では良心とか魂の深淵（Abgrund）と言われる。……聖書の区分においては心もしくは共通感覚と理性とは、〔学校での区分において〕意志が理性に依存するようには、絶対的に相互に依存していない（『エーティンガーの生涯と手紙』1859, S. 198-9; 202)。

したがって共通感覚は、真理なるもの（Wahre)、神性（Göttliche）そして永遠性（Ewige）といった人間における神の似姿（Gottebenbildlichkeit）に対する真の感覚である。共通感覚の作用は至る所で、国家や社会および学問や技術において有効である。彼は『共通感覚の吟味』のなかで共通感覚が精神的ないしは身体的な対象に対する生き生きとした、かつ鋭い感覚（Empfindung）であると説いた。それゆえ共通感覚はただ受動的に働くだけでなく、さまざまな推論の機能とも結び付いている。それは悟性的な分析的な思考に先だっており、純粋なもの、重要なもの、有効なものに対する密かな衝動に従う。また、共通感覚は、それが不可視のものに向いていることによって理性から区別されるが、その最も重要な課題は、キリストへの注意を促すことであった。

(4) 再生による霊性の働き

わたしたちは敬虔主義の根本思想にしたがって「義認」よりも「再生」を強調する。エーティンガーの再生思想は『再生に至る福音的順序の概要』(Abriss der evangelischen Ordnung zur Wieder- geburt, 1735) に詳しく述べられている。その際、プロテスタントの伝統にしたがって義認を説いたが、同時に再生を力説するようになった。それは敬虔主義の影響による。「認識の改造」においても彼は「再生」思想を展開させ、その基本原理を神が模倣行為をなす者にのみ、御霊を注入することによって「再生」が実現するのを許すと説いた。このことを太陽を比喩として言うなら、太陽がどのような植物にも等しく愛を注ぎ、よい実りをもたらすように、神の愛もその御業はすべての人に対して等しく及ぼし、再生に導くが、それでも太陽が自然に対するのと同じように人間に対して行わず、人間の場合には実践的な模倣が求められる。

彼は言う、「わたしたちの行為によって模倣（nachahmen）しなくてはならない。ここに神の完全性（vollkommenheit）がある」（Oetinger, op, cit., S.83）と。したがって神は「偉大なその永遠性の計画（vorsatz）のなかで多くの個別的な規則を働かすこと」によって御業を実現される（Oetinger, op, cit., ibid.）。ここでの個別化は「われわれの行為によって模倣する」ことで実現する。それゆえエーティンガーの「再生」論はまず「母胎内での子どもの形成」という比喩によって「人の魂を形成する力」（Bildungskrafts einer Seele Oetinger, Abriss der evangelischen Ordnung zur Wiedergeburt, S.85）を明らかにするが、実際は神の普遍的な力を模倣することによって実現される。こうした神の人間に対するかかわりがその活動なのであると彼は説いている。

このようなエーティンガーの霊性思想で最後に注目すべき点は、霊性が身体性と密接に関わっていることである。彼にとって身体性は「神の道の結末」なのである。キリスト教の使信の中心は、神が人間の身体性のなかに降下したことであって、罪によって病弱となり死に引き渡された霊が更新され、復活して新しい人間が授けられる。それゆえ霊性の変容は身体性の領域にまで至って初めて完成される。それゆえ霊性が身体性において完成されるという思想こそ彼の霊性思想の最後の表現であるといえよう（詳しくは Martin Weyer-mennkhoff, Leiblichikeit ist das Ende, in; Friedrich C. Oetinger, Glauben und Erkennen, 2001. S.234 を参照）。

本書は彼の思想の精選集であって、きわめて鋭い洞察に満ちている。だが、このような叙述ではどうしても断片的な蒐集のため全体像の把握が困難となるであろう。それを補う形でこの解説が役立つように試みられた。

２０２３年６月26日

あとがき

この翻訳は、私が金子先生と初めて出会った2018年、御親切にもエラスムスや創世記のラテン語の手ほどきをしていただいた時に、先生からドイツ語専門の書を試みに訳したらどうかと言われた。週二回、私が自分の訳を先生に提出すると、きちっと添削してお返しくださった。それが『聖なる哲学』であった。それを読んでいるうちに、私はエーティンガーの信仰がなんと素晴らしいものであるか、魅せられてきた。一応三年ほど前に、自分の訳としては仕上げていたが、年が経つうちに、到底不満足なものとなり、新しく訳し直したりした。そして2022年、金子先生に再提出をしたものである。

私は、もともと文学、宗教、哲学に関心をもってドイツ文学科に入学した。ゲーテの宗教性を小池辰雄（1904 - 1996）師のすすめもあり、それを大学では中心課題にしたが、師はゲーテをキリスト者の代表とも位置付けておられた。しかし、宗教的には私は無教会的なヘブライ語、ギリシャ語、ラテン語の根底的原語に魅かれており、必ずしも師の心と一致しない点があり、大いに心を悩ませた。その疑問は師の召天後にも、自らの集会（小平福音集会）で、毎週日曜日に聖書を読む集会を開始したが、そこでも開始以来20年間ずっと私の疑問であった。師の言われる「聖霊のバプテスマ」が聖書の根底に添うものであるかどうかが、焦点であった。そんな時に、誠実な思想史家金子晴勇先生と、エーティンガーの信仰に出会ったのである。エーティンガーの信仰と金子先生の思想史学と、ヨベルの社長安田正人氏と出会って、キリスト教会の大きなエクレシアが私の眼前に開かれるようになった。この出会いは家庭集会から連なる60年にも及ぶ主の導きのおかげであり、すべてキリストからいただいている恩恵である。ハレルヤ　アーメン

2023年1月13日

喜多村得也

【追記】

訳者喜多村得也は、5年ほど前から金子晴勇先生のお勧めで300年程昔のドイツの牧師（神学者？）であったエーティンガー著作の精選集『聖なる哲学』の翻訳に取り掛かりました。日本にはまだ翻訳本はなく難解を極めていた様でした。3年ほど過ぎたころに、末期の管内胆管癌が発見され、余命4

か月から6か月という宣告を受けました。それまでも努力は重ねていましたが、宣告後は一層翻訳に費やす時間が増え、正に寝食を惜しんでの翻訳作業でした。一貫していたことは「神様がこの難行をお選びになり自分に与えられたのだから途中でお取り上げにならない」という信仰でした。最終的には6か月の命も1年10か月まで伸ばしていただき、最後の一滴まで翻訳にささげました。「あとがき」のみ体力が届かず、口頭のつぶやきで次女に告げて仕上げました。得也は悲願として、翻訳を完成させたらエーティンガーの愛したドイツ・タイナッハの「三位一体教会」を訪問し、章にもあります『アントニア王女の教示画』（口絵1参照）を見ることでありました。そのことは死を迎え、叶わぬ夢となってしまいました。ところが訳者の次女の夫（ドイツ人で、訳者の死の時は仕事のためにドイツ在住中）が、得也の希望を果たすべく「三位一体教会」に連絡を取ったところ、冬の間は雪も多く人も来ないということで、閉鎖中であることが分かりました。ところが得也の葬儀の二日前、教会の牧師様よりドイツの息子に連絡が入り、2月4日に特別に教会を開け、中に入れてくださる上、一年に限られた時期のみ開帳となる「王女アントニア妃の教示画」も鍵を開け、見せてくださるとの内容でありました。ドイツの息子とそのご両親は約束の日に教会を訪問し、牧師様は2月4日午後3時30分より5時頃まで丁寧に絵画の解説を行ってくださったのです（口絵2参照）。ちょうどその頃、日本の夜中の12時半ごろ（時差が8時間あります）、訳者自宅の誰もいない部屋にある音源機器から突然、音楽が鳴り出し、（その音色は聞いたこともないフレーズを繰り返しているようなものでした）見たことのない光を機械から放ち、止むことなく鳴り続け、家族の者は大変驚きました。訳者は霊となり、ドイツで絵画の解説を受け、喜び勇んで家族に知らせたに違いないと思える出来事でした。くしくも2月4日は得也の誕生日でありました。得也は大きなプレゼントを神様に頂き、翌日の葬儀にのぞみました。葬儀当日は、参列者80名ほどの祈りの内に執り行われ、ご遺体の納めてある棺には多くの花が飾られ、耳まで隠れる程に溢れておりました。棺は火葬場へと霊柩車で送られ、いよいよ火に投じられるという前、家族だけ顔部の窓を開け、最後のお別れを告げていたときでした。胸の周りいっぱいの花の奥の奥、そのうもれている花びらの間に、胸に抱かせてあった聖書の一行が、かすかに見えたのです。聖書のどの箇所を開いていたのか分かりませんが、なんとそこには「イエスの所へ行った」という一行のみが見えました。家族への最後の奇跡的メッセージであると思われました。得也は19歳より、60年間キリスト者として恵まれると同時に苦しみながらの人生を送りつつ、ゲーテをはじめドイツ文学から神との関わりを研究してまいりました。神様への信頼が、その命の灯が消える直前まで希望であり、やっと天界へと引き上げられたと思うばかりです。

２０２３年２月21日

訳者妻より

訳者紹介

喜多村得也（きたむら・とくや）

1944 年生まれ。1968 年早稲田大学卒業、1972 年早稲田大学大学院ドイツ文学修士。1971 年昭和大学講師、1978 年同大学助教授、1992 年同大学教授（2009 年まで）、同大学名誉教授。海外研修；1973 年チューリッヒ Euro-zentren にてドイツ語研修、1979 年西ドイツ Humboldt Institut にてドイツ語研修、1992 年ドイツ、Berlin Humboldt 大学国際ドイツ語教員ゼミナール研修、1996 年ドイツ、Kassel 大学言語文化研究所にて研修、他研修多数。2023 年逝去。

共訳：カッシーラー遺稿集第一巻『象徴形式の形而上学のために』、法政大学出版局、2009 年。

論文:「若きゲーテの宗教性について」（早大修士論文）1972 年、「聖書とゲーテ」序論、1973 年、「若いゲーテの宗教的探究と『牧師の手紙』について」1977 年、「ゲーテの宇宙発生論的神話」1985 年、「ゲーテ『旅人の夜の歌』考」1988 年、「宮崎駿監督作品『千と千尋の神隠し』における心のヨーロッパ」(最終講義)2008 年、以上昭和大学紀要、「芥川龍之介『藪の中』覚え書」、1977 年、同人誌雪崩、他多数。1997 年より小平福音集会を自宅にて開催(聖書を読む会、古典を読む会)。

ドイツ敬虔主義著作集　8

聖なる哲学 —— キリスト教思想の精選集

2023 年 08 月 10 日　初版発行

著　者 —— フリードリヒ・クリストフ・エーティンガー

訳　者 —— 喜多村得也

発行者 —— 安田正人

発行所 —— 株式会社ヨベル　*YOBEL. Inc.*

〒 113-0033 東京都文京区本郷 4-1-1-5F

TEL03-3818-4851　FAX03-3818-4858

e-mail：info@yobel. co. jp

印刷 —— 中央精版印刷株式会社

配給元 —— 日本キリスト教書販売株式会社（日キ版）

〒 162 - 0814　東京都新宿区新小川町 9 -1

振替 00130-3-60976　Tel 03-3260-5670

 ISBN 978-4-911054-07-9　Printed in Japan

聖書引用は、断りのない限り聖書 新共同訳（日本聖書協会発行）を使用しています。